광
개
토
태
안

광개토 태안

초판 1쇄 인쇄 | 2022년 2월 18일
초판 1쇄 발행 | 2022년 2월 26일

지은이 | 가세로
펴낸이 | 김용길
펴낸곳 | 작가교실
출판등록 | 제 2018-000061호 (2018. 11. 17)

주소 | 서울시 동작구 양녕로 25라길 36, 103호
전화 | (02) 334-9107
팩스 | (02) 334-9108
이메일 | book365@hanmail.net
인쇄 | 하정문화사

ⓒ 2022, 가세로
ISBN 979-11-91838-05-3   03320

반도를 뛰어넘어!

광개토 태안

廣開土泰安

가세로 지음

작가교실

광개토 대변혁으로 반도를 넘어 위대한 태안을

-나의 꿈, 나의 태안-

태안군수에 당선되어 지난 2018년 7월 1일 취임하였습니다.

척박했던 지역의 굴레를 벗어던지고, 세상 속에 우뚝 설 수 있는 기회는 쉽사리 오지 않는 법입니다. 저 또한 그랬습니다. 태안반도의 한 시골 마을 출신으로 세상의 중심에 들기까지 모진 세월을 이겨내야만 했습니다.

낮밤을 가리지 않고, 주민 한 사람의 억울함도 풀어줘야겠다는 굳은 신념으로 정열을 불태웠건만 변화의 문턱에선 화려한 연줄과 인맥으로 중무장한 도시 출신 경쟁자들과 치열한 경쟁을 해야만 했습니다.

그 시절 하염없이 품었던 생각, 그 생각은 바로 "반도의 굴레"를 더 이상 우리 후배들에겐 결코 물려주지 않겠다는 신앙에 가까운 철학이 들었습니다.

제 인생 내내 태안이란 곳은 생각만 해도 용기와 희망을 쏟아내는 어머니의 품속이요, 이름만 들어도 눈물이 그렁그렁 맺히게 했던 "그리운 고향"이었습니다. "날자! 새 태안이여! 더 잘사는 내일로!"를 구절처럼 되뇌이게 했던 사랑의 결정체였습니다.

젊은 시절부터 품었던 태안 발전의 이상과 염원을 실천할 수 있는 기회를 얻기까지 많은 인고의 시간도 있었지만, 위대한 태안군민의 선택으로 "군민과 함께 태안의 담대한 발전"을 이끌어 올 수 있었습니다. 이 자리를 빌어 깊은 감사의 인사를 드립니다.

저에게 맡겨진 "태안군민의 최고의 상머슴 !" 역할을 하면서 지난 4년 동안 줄기차게 추진해 왔던 "광개토 대변혁의 성과와 앞으로의 지향점"에 대해 군정의 진정한 주인인 군민 여러분께 말씀드리도록 하겠습니다.

먼저, 우리 군이 처한 현실을 직시할 필요가 있습니다. 삼면이 바다로 둘러싸인 천혜의 자연은 자랑할 만하지만, 한편으로는 변변한 고속도로 하나 없는 교통면에서 만큼은 한반도의 한 모퉁이, 접근성이 열악한 오지임은 외면할 수 없는 사실입니다.

그리하여 저의 첫 번째 시도는 "사통팔달의 교통망 확충"이었습니다.

가로림만 해상교량은 보령시에서 태안군을 연결하는 국도 77호선의 개통과 함께 북부권까지 순환형 관광체인을 만드는 핵심열쇠입니다. 지난해 6월 마침내 "제2차 국가도로망 종합계획"에 국도로 승격시켰습니다.

실로 50년 만의 일입니다. 시간을 거슬러 올라가 "박정희 대통령 시절부터 왜 가로림만 만대 다리가 강조되었는지"를 알아야 합니다.

서해안고속도로에서 직접 대안으로 진입하는 군민의 오랜 숙원 "태안 고속도로"는 제2차 국가도로망 종합계획에 반영하여 2022년도 기초조사에 착수할 예정입니다.

어릴 적 60~70년대부터 선거유세장에서만 들어봤던 철도 문제입니다. 드디어 2021년 태안에서 삽교까지 잇는 내포철도는 제4

차 국가철도망 계획에 추가검토노선으로 확정하였고, 태안에서 안흥까지 주 도로인 국지도 96호선 4차선 확장사업은 "제5차 국도·국지도 5개년 계획"에 확정하는 등 광역교통망을 체계적으로 현실화하였습니다.

두 번째는 "태안의 가치를 높이는 작업"이었습니다.

누구 하나 거들떠보지 않았던 서해의 끝단 "격렬비열도"를 전 국민이 지켜보는 가운데 올해에는 국가관리 연안항 지정을 코앞에 두고 있고, 이로 인해 새롭게 접안시설이 완비되면 수산 및 관광, 국방 분야에서 핵심 거점으로 자리할 예정입니다.

태안의 역사 분야의 가치가 재조명된 문화재로는 "안흥진성"을 꼽지 않을 수 없습니다. 국방과학연구소 안흥시험장 울타리에 52년 간 국방의 장막에 갇혀 어떤 누구도 감히 엄두도 못 냈던 안흥진성을 사적 제560호 지정을 이끌어 냈고, 이제 바야흐로 군민 품으로 반환하라는 군민의 명령을 실현하는 단계에 들게 하였습니다.

세 번째는 "고령화의 암울한 그림자를 걷어내는 일"입니다.

1970년 대한민국의 평균수명은 고작 62.3세에 불과하였으나 최근에는 평균수명 83.3세로 급격히 증가하여 전국의 65세 이상 노령인구가 17.1%에 달했으며, 우리 군은 전국평균의 두 배 가까운 32.7%, 20,140명이 여기에 해당합니다.

우리 군 농업 현실은 더욱 암담한 상황입니다. 농업 인구 중에서 65세 이상 고령 농가가 전체의 절반을 차지하고, 1천만 원 이하의 농축산물 판매고를 갖고 있는 농가가 전체의 55.5%를 차지하고 있습니다.

이런 상황에서 정부는 제9차 전력수급계획을 수립해 태안화력 1~6호기를 2032년까지 순차적으로 폐쇄하는 계획을 확정하여 지역경제의 피해가 불가피할 전망입니다.

이에 저는 대안 사업으로 "바다의 유전, 해상풍력발전단지 조성" 카드를 꺼내 들었습니다. 해상풍력은 지역경제의 활력과 주민 상생형 수익개발을 목표로 하고 있습니다. 5개 단지 1.76GW, 민간자본 11조 3천억 원 투입되는 대단위 프로젝트입니다.

제주탐라 해상풍력은 해안가에서 6백 미터에서 1.2킬로미터 이내로 주거지와 아주 가깝게 위치해 있으나 지역주민들로부터 환영받고 있습니다. 이유는 간단합니다. 지역의 어민에게 피해도 없고 소득도 발생시키고 관광 발전 등 지역발전에 유익하기 때문입니다.

우리 군도 "해상풍력발전단지"가 군민들에게 연금형 소득을 창출하고, 발전시설 건설에는 천문학적인 투자로 지역경제의 르네상스를 몰고 올 희망의 징검다리가 될 전망입니다.

끝으로 "공정의 가치"를 지향해 오고 있습니다.

지난 21년간 개인 업체에 독점 운영권이 주어졌던 불공정 수의계약 시비로 점철된 "태안읍 생활폐기물 수거 용역"을 태안군 직영으로 전환하고 "학교급식지원센터"도 군에서 직접 운영하는 방식으로 바꿨습니다.

기회의 평등은 군민의 생활에 더 많은 풍요를 선사합니다. "이장

직선제"는 군민이 직접 투표함으로써 당선된 이장에게는 보다 높은 자긍심을 선물하고 지역주민에게는 달라진 위상과 보다 좋은 행정 서비스가 보상으로 보답합니다.

이런 변화는 한순간에 실현되지 않았습니다. 수많은 반대와 저항, 무엇보다 기득권층의 차가운 냉대와 직면할 때면 쉬운 길로 회항할까 하는 마음도 솔직히 들었습니다.

그러나 젊은 시절부터 "태안발전을 생각하면 온몸에 전율이 돋듯 행복했던 추억"을 회상하며 오직 군민을 위해 가겠다는 일념으로 마음을 다잡고 전진하고 또 전진하였습니다.

이제 태안은 민선 7기 탄탄한 성과를 바탕으로 명실상부한 "신해양도시 태안"으로 비상할 시기입니다. 앞서 말씀드린 "광개토 대변혁"은 행정의 패러다임을 완전히 바꿔 지역발전의 시대적 요구를 손쉽게 수용하는 "큰 틀에서의 지역발전 이정표이며 핵심 전략"입니다.

세상의 중심으로 우뚝 서게 될 태안의 역사에서 광개토 대변혁이 그 시작점이자 마중물임을 확신하며, 앞으로 더욱 정교하게 발전시켜 웅장한 태안의 시대를 열어나가야 할 것입니다.

여러분 우리 태안을 사랑해 주십시오!

2022년 2월
태안군수 가세로 올림

돌아보며 앞으로

마음의 안식처

광개토 대사업

작지만 강한 태안!

근흥 노선 4차선 확장예산 국비 960억 확보에 이어
영목항이 국가 어항으로 지정되었다

임기 시작 후
지난 수년간
중앙부처에 건의하면서
문성혁 장관님을 뵈올 때마다
태안의 이해와 관심이 남달라
이러한 결과가 가능했으니
감사하기 이를 데 없다

아울러 부족한 군수를 믿고
묵묵히 따라주신
군민 여러분께 엎드려 큰절 올린다

앞으로도
큰일이 산적해 있다

절반의 성과를 향해 가는
가로림만 교량건설과 국가 정원
추진되고 있는 격렬비열도 국가관리 연안항 건설
영목항 국가 어항 지정
미래 먹거리 자원
해상풍력 등

태안을
넓고 강하게 키워야 하는 숙명을
새롭게 떠안고 광개토 태안을 향해 나가야 한다.

이장직선제로 풀뿌리 민주주의 정착

저의 공약 중 하나입니다.

"기회는 평등할 것이며, 과정은 공정할 것이며, 결과는 정의로울 것이다" 는 문재인 대통령의 취임사에서 밝혔듯이 민주주의는 기회의 평등과 과정의 공정, 두 가지를 양대 축으로 사회의 정의가 완성된다 하겠습니다.

태안군은 대중적 민주주의에서 그 기본이 되는 풀뿌리 민주주의 정착을 위해 "이장 직선제"를 대표 공약으로 세웠습니다.

이장 직선제는 공정의 시대를 여는 마중물이자 시대를 앞서는 새로운 도전이었습니다. 그만큼 기득권의 저항이 불 보듯 예견되었으나 직선제의 정착으로 누리게 될 공정의 가치는 사회를 확연히 바꾸는 변화의 단초가 될 것임을 확신했기 때문입니다.

먼저, 이장 직선제를 도입하게 된 배경입니다.

「태안군 이장 임명에 관한 규칙」제3조 이장의 임명 절차를 보면, 2년 이상 주민등록을 두고 거주한 자에게 자격을 부여하고, 마을 총회 또는 리 개발위원회 추천을 받아 읍면장이 임명하도록 규정하고 있습니다.

마을 총회의 선출방식 이외에도 리 개발위원회의 추천으로 할 수 있기 때문에 간선제가 가능한 시스템이었고, 마음만 먹으면 소수의 기득권이 카르텔을 형성하여 마을의 권력을 독점하는 현상을 유지할 수 있습니다.

또한, 개발위원회에서 추천되지 않는 주민과 귀농·귀촌인들의 참여 기회 부족으로 피선거권을 제한받는다는 태생적 한계를 갖고 있습니다. 이에 태안군은 마을총회에서 선출한 사람을 리 개발위원회에서 읍면장에게 추천하고, 읍면장이 최종 심사 후 임명하도록 바꿨습니다.

이장 직선제 정착을 위해 많은 노력이 뒤따랐습니다.

전국의 통장과 이장은 지위나 역할은 같지만, 선호도에서 차이를 보입니다. 서울 등 도시지역은 심각한 통장 구인난에 시달리고 있으나, 농어촌 지역은 복수의 이장 후보가 나서는 등 선호도가 높습니다. 그러다 보니, 전국의 사례서 보는 것처럼 태안에서도 이장에 대한 선호가 높고, 기존에 개발위원회의 추천으로 이장의 길에 접어들 수 있으나 마을 총회로 선출되기 어려운 이장들의 반발이 거셀 수밖에 없었습니다.

아울러, 우리 군에서 2019년도 1차의 이장 임명에 관한 개정 규칙에서 다소 무리한 직선제 규정이 존재하여 이장단 협의회를 중심으로 반발하는 아쉬움도 있었습니다.

이에 태안군은 태안군 이장단협의회와 지속적인 대화와 소통을 통해서 최적의 임명규칙을 2020년 12월 마련하게 됩니다.

이장 직선제는 최적의 임명 방법 등을 구체화하였습니다.

2020년 12월 전부 개정된 규칙안의 중요내용은 첫 번째 이장 선거관리위원회 신설, 지방선거에 준하는 선거체계 구축, 둘째 모집공고, 후보자 등록, 투표관리 등 선출과정 확정, 과정의 투명성 확보, 셋째 단일후보 규정 간소화, 유효 투표 2분의 1로 당선 결정, 넷째 겸임 금지 규정 완화, 보조금 지원단체 대표만 겸임 금지 등으로 주민의 동참과 임명과정이 손쉽고 명확하게 변경하였습니다.

공정한 이장의 임명과 더불어 이장의 처우개선에도 노력하여 이장수당 인상(월 20→30만 원), 통신요금 인상(월 3→5만 원), 이장 건강검진비 신설(격년 40만 원), 자녀 학자금 지원 신설(고등, 대학생) 등 대폭적인 지원에 나서고 있습니다.

전국에서 "풀뿌리 민주주의 정착"에 기여했다는 평가를 받았습니다.

태안군 이장직선제는 한국매니페스토실천본부 주관의 "2021 전국 기초단체장 매니페스토 우수사례 경진대회"에서 공동체 강화 분야 최우수 공약에 선정되는 쾌거를 받았습니다.

전국의 159개 시군구에서 제출한 376개 공약을 심사해 최우수 공약으로 선정되었고, 새로운 시대를 만드는 정책들 32개 사례집에 실려 전국 지자체로 홍보되는 풀뿌리 민주주의의 새로운 모델로 각광받고 있습니다.

태안군은 "공정의 가치를 높이기 위한 새로운 도전"의 첫 삽을 이장직선제로 삼았고, 불공정한 민간위탁을 태안군 직영으로 전환하는 등 지속가능한 성장을 통해 세상의 중심을 열기 위한 값진 개혁을 지속하고 있습니다.

태안군, 올 한해 '미래 성장동력' 광개토 대사업 고도화 총력

-12일 군청 중회의실서 '2022년 주요업무 실천계획 보고회' 개최-

이를 위해 군은 △미래성장동력, 더 강한 태안 △트렌드에 맞는 즐거운 태안 △모두를 배려하는 안심 태안 △고품격 삶의 질 제고, 살고 싶은 태안 △민생중심의 경제, 경쟁력있는 태안 △군민과 함께하는 양방향 스마트 태안 등 6대 군정 역점과제를 선정, 올 한 해 지역발전으로 군민 행복 시대를 열어간다는 각오다.

◆미래성장동력, 더 강한 태안

군은 민선7기 핵심 공약인 광개토 대사업의 고도화를 위해 국도

38호선(이원-대산) 해상교량 건설 사업의 대선 공약화에 힘쓰고 태안고속도로 건설과 더불어 국지도 96호선(두야-정죽), 지방도 603호(태안-원북), 국도 77호(안면-고남) 등의 4차선 확장 공사 실현에도 총력을 기울인다.

또한, 올해 태안 해양치유센터 건립공사 착공에 돌입하고 태안 해상풍력단지와 만리포니아 해양레저 안전교육센터 조성에 나서는 한편, 10년간의 미래 지역발전을 설계할 태안군 중장기 종합발전계획 수립을 준비하는 등 앞날을 내다보는 행정 추진에 나설 계획이다.

◆트렌드에 맞는 즐거운 태안

군은 올해 8월 준공 목표로 태안읍 인평리와 고남면 영목항에 관문 상징조형물을 설치하고 해수욕장의 경관 제고를 위해 몽산포 전

망대와 만리포 쉼터, 삼봉·파도리 해식동굴 연결데크를 설치하는 등 군 전역에 대한 관광자원 발굴·조성에 나선다.

또한, 오는 5월 태안읍 역사문화의 거리 조성에 착수하고 태안읍성 복원사업과 안흥진성 정비 및 복원 기초공사에도 돌입하는 한편, 3월부터 본격 운영되는 태안군 UV랜드의 활성화에 힘쓰고 백화산 개발을 위해 문화이음길 테마거리 조성과 트리워크 설치에 나서는 등 군민이 체감할 수 있는 콘텐츠 확보에 힘쓴다는 방침이다.

◆모두를 배려하는 안심 태안

군은 올해보다 12억 원이 늘어난 139억 원의 예산을 투입해 도내 최고 수준의 노인 일자리 지원 사업을 추진하고 어르신 놀이터와 어르신 돌봄센터 신축 등 활력 넘치는 노인복지 사업을 추진할 계획이다.

아울러, 군수를 본부장으로 하는 재난안전대책본부와 비상방역대책본부를 연중 운영하는 등 코로나19 총력대응에 나서고, 내년 5월 마무리를 목표로 제2차 자연재해저감 종합대책을 수립하는 등 든든한 사회안전망 구축에도 적극 나설 예정이다.

◆고품격 삶의 질 제고, 살고 싶은 태안

군은 올해 원북 다채움체육센터와 남면 실내체육관, 안면 상상도서관, 태안 종합운동장 축구 보조경기장 등을 조성해 체육·여가시설 확충에 나서고 태안 환동 근린공원과 남면사거리 근린공원, 샘골 근린공원 조성을 통해 녹색 쉼터 조성에도 앞장선다.

또한, 도심 주차난 해소를 위해 올해 140면의 공영주차장을 확충하고 청년들이 살기 좋은 도시 조성을 위해 청년창업 비즈니스센터 운영 및 청년 월세 특별지원을 추진하는 한편, 폐기물 관리와 상하수도시설 확충, 의료 전문성 강화 등 다양한 분야에서 군민 삶의 질 향상을 위한 다양한 노력을 기울일 계획이다.

◆ 민생중심 경제, 경쟁력 있는 태안

군은 올해 농촌인력 확보를 위해 인력 중개센터 및 여성농업인센터를 운영하고 농업 분야의 발전을 위해 북부권 로컬푸드 직매장 설치 및 한국 농어촌공사 태안지사 유치에 나서는 등 특별대책을 강구할 예정이다.

아울러, 어업 분야에서도 갯벌 식생 조림사업 추진과 안흥·채석포 위판장 현대화, 해양환경 시설 보강, 조건불리지역 수산직불금 지원, 해양쓰레기 수거 등 다양한 시책을 추진해 어업인들의 불편 해소에 총력을 기울인다는 방침이다.

◆ 군민과 함께하는 양방향 스마트 태안

군은 올해 군민의 소리 건의창구 및 현장 군수실을 운영하고 군민 정책 포럼과 100인 토론회 개최를 추진하는 등 군민 참여행정을 도모해 군민의 목소리를 보다 가까이서 들을 계획이다.

또한, 마을 동아리 육성과 마을기업 만들기 선정 창안대회 추진 등 마을 공동체의 역량강화에 힘쓰고, 생활불편 주민 건의사업을 적극 반영하고 주민참여예산 공모를 추진하는 등 행정의 영역에 군민을

최대한 참여시키겠다는 방침이다.

　보고회를 주재한 가세로 군수는 "올해는 미래 태안의 먹거리가 될 중장기 사업을 선도하고 신규 성장동력 사업 추진에 전력을 다하는 '전환과 도약의 해'가 될 것이라며 농어업 등 주력산업의 육성과 태안경제 체질 개선을 통한 선순환 경제 구축에도 힘쓰고 광개토 대사업의 고도화를 도모하는 등 민선7기의 완벽한 마무리를 위해 전 공직자가 힘을 쏟겠다"고 말했다.

출처 : 아주경제 (태안) 허희만 기자 2022. 01

군민과의 약속 공약 지키기

약간은 무모한
그러나 지켜야 하는
군민들과의 약속!

섬을 제외하고
여기저기 산재된
7400여 기의 공동묘지 정리

주거환경개선 차원의 사업으로
이처럼 큰 규모로 추진함은 전국 처음이다

지난해에 이어
금년까지 약 2천여 기가 정비되고
여기에 주민들의 의견을 수렴하여
멋진 장소로 변모시킬 것이다.
가세로 태안군수, 군정 방향 비전 제시

가세로 태안군수, 군정 방향 비전 제시

가세로 태안군수가 4일 신년 기자회견을 열고, 올해 군정 방향에 대한 비전을 제시했다.

가 군수는 지난해 코로나19 등 국내외 어려운 여건 속에서도 국도 38호선(가로림만 해상교량) 국도 승격과 태안고속도로 제2차 국가도로망 종합계획 확정, 샘골도시공원 조성, 종합실내체육관 건립 등 다양한 분야에서 획기적인 성과를 거뒀다며 올해도 지역경제 회복과 미래세대를 위한 성장산업 기반 조성을 위해 전 공직자가 최선을 다하겠다고 밝혔다.

이날 기자회견에서 가세로 군수는 ▲미래성장동력, 더 강한 태안 ▲트렌드에 맞는 즐거운 태안 ▲모두를 배려하는 안심 태안 ▲고품격 삶의 질 제고, 살고 싶은 태안 ▲민생중심 경제, 경쟁력 있는 태안 ▲군민과 함께하는 양방향 스마트 태안 등 6대 군정목표를 제시했다.

또한 역대 최대인 6,946억 원 규모의 본예산을 편성했으며 이중 농림·해양수산 분야 등 군 주력산업에 1,310억 원, 사회복지 예산에 1,379억 원을 배정하는 한편, 생활 불편 등 주민 건의사업을 적극 반영하고 SOC 확충예산을 증액하는 등 효율성을 극대화한 예산 집행에 나서겠다는 방침을 밝히기도 했다.

구체적으로 군은 '미래성장동력, 더 강한 태안'을 위해 태안 미래 발전의 길잡이가 될 중장기 종합발전계획을 내년까지 수립하고 다음 달부터 태안군 시설관리공단 설립을 위한 타당성 검토용역에 착

수할 계획이다.

또한 태안 해상풍력단지 조성을 위해 정부예산 확보와 관련기관과의 협업 등 구체적 노력을 기울이고 만리포니아 해양레저 안전교육센터 건립의 경우 상반기 건축설계를 마무리한 뒤 오는 10월 중 착공에 돌입한다는 방침이다.

'트렌드에 맞는 즐거운 태안'과 관련, 군은 태안읍 인평리와 고남면 영목항에 관문 상징조형물을 설치하고 연포해수욕장 해맞이 경관시설 조성 및 몽산포 전망대 2단계 추진에 돌입할 계획이다.

아울러 태안읍 중앙로 광장에서 경이정까지 이어지는 '태안읍 역사문화거리'를 조성해 도시경관을 획기적으로 개선하고 백화산 문화이음길 물놀이장 조성과 백화산 트리워크 설치 사업도 올해 준공 목표로 총력을 기울일 예정이다.

　'모두를 배려하는 안심 태안' 분야에서는 지난해보다 12억 원 늘어난 139억 원의 예산을 확보해 노년층의 사회참여 기회를 확대할 계획이며 '어르신 놀이터' 및 '어르신 돌봄센터', '장애인 가족 힐링센터'를 조성하고 초·중학생 입학준비금과 출생 아동 '첫 만남 이용권'을 지원하는 등 군민 부담 경감에 나선다.

　'고품격 삶의 질 제고, 살고 싶은 태안' 분야에서는 원북 다채움 체육센터 건립 등 생활 SOC 사업 추진에 전력을 다하는 한편 태안읍 평천리에 '태안 종합운동장 축구 보조경기장'을 조성하고 올해 총 140면의 공영주차장 확보와 더불어 소원면 내 제2 농공단지 조성을 위한 전략환경영향평가에 돌입할 예정이다.

　이밖에 '민생중심 경제, 경쟁력 있는 태안'을 위해 오는 4월 한국농어촌공사 태안지사 설치에 총력을 기울이고 태안읍 장산리에 태안 북부권 로컬푸드 직매장을 설치할 계획이며 '군민과 함께하는 양방향 스마트 행정'을 위해 군민 의견 건의창구를 운영하는 등 소통 강화에도 앞장설 계획이다.

가세로 군수는 "임인년 새해는 호랑이의 눈으로 통찰하고 소의 걸음으로 뚜벅뚜벅 걷는 호시우보(虎視牛步)의 자세로 군민의 안위를 더 안전하게, 삶을 더 안락하게, 곳간을 더 풍요롭게 만들겠다"고 말했다.

출처 : 충남NSP통신 이광용 기자 2022. 01

중도일보

2022년 01월 05일 (수)
15면 지역

"민선 7기 완성의 해, 성장산업 기반조성 최선"

**가세로 태안군수 신년회견서
생활불편 주민 건의사항 반영
예산집행 효율성 극대화 밝혀**

"올해는 민선7기 완성의 해로, 지난 4년간의 궤적을 거울 삼아 '날자 새태안이여, 더 잘사는 내일로'라는 방향감으로 정밀하고 밀도있게 군정을 살펴나가겠습니다."

가세로 태안군수가 4일 군청 중회의실에서 신년 기자회견을 열고 올해 군정 방향에 대한 비전을 제시했다. <사진>

올해도 지역경제 회복과 미래세대를 위한 성장산업 기반 조성을 위해 전 공직자가 최선을 다하겠다고 밝혔다.

특히, ▲미래 성장동력, 더 강한 태안 ▲트렌드에 맞는 즐거운 태안 ▲모두를 배려하는 안심 태안 ▲고품격 삶의 질 제고, 살고싶은 태안 ▲민생중심

경제, 경쟁력 있는 태안 ▲군민과 함께하는 양방향 스마트 태안 등 6대 군정 목표를 제시했다.

또 역대 최대인 6946억 원 규모의 본예산을 편성해 농림·해양수산 분야 등 군 주력산업에 1310억 원, 사회복지 예산에 1379억 원을 배정하는 한편, 생활불편 등 주민 건의사업을 적극 반영하

고 SOC확충예산을 증액하는 등 효율성을 극대화한 예산 집행에 나서겠다는 방침을 밝혔다.

군은 태안 미래 발전의 길잡이가 될 중장기 종합발전계획을 내년까지 수립하고 올해 2월부터 태안군 시설관리공단 설립을 위한 타당성 검토용역에 착수할 계획이다.

이와함께 태안읍 인평리와 고남면 영목항에 관문 상징조형물을 설치, 노년층의 사회참여 기회를 확대, 원북 다채움 체육센터 건립 등 생활SOC 사업 추진, 140면의 공영주차장 확보와 소원면내 제2 농공단지 조성을 추진한다.

가세로 군수는 "호랑이의 눈으로 통찰하고 소의 걸음으로 뚜벅뚜벅 걷는 호시우보(虎視牛步)의 자세로 군민의 안위를 더 안전하게, 삶을 더 안락하게, 곳간을 더 풍요롭게 만들겠다"고 강조했다.

태안=김준환 기자 kjh419@

태안의 50년 숙원사업

태안 이원과 서산 대산을 연결하는
가로림만 교량건설!

서울 길이 절반으로 빨라진다
접근성이 열악한
우리는 더욱 절박하다

이 카드를 들고 군수 취임 후
나는 많은 분들을 만났다

뵙고 또 뵙고
또 읍소하고
정세균 총리님과
추미애 전 대표님 등
그분들을 뵐 때마다
가로림만 다리건설을 누차 건의드렸다

며칠 전
홍영표 전 대표님을 뵙고
다시 한번 간곡히 말씀드리고

진선미 국회건설교통위원장님을 다시 뵈었다

약속을 지켜주시기 위해 국회 본회의장에서 올라오셨다

함께오신 교육부. 문체부 장관님 등
세 분에게
친절히 인사시켜 주시면서
이를 다시 한 번 경청해 주신다

곧바로 세종청사 기획재정부로 향한다
국가예산을 총괄하는 예산실장님께 당위성과 절박성을 설명드린다

끝까지 진지하게 들어주셔서 고맙다

이를 위해 양승조 도지사님도 함께 뛰신다
정말 고맙다

아침과 점심을 미루고 함께 해주신
이성종 과장님과
박상현, 최지혜 두 분께도 감사드린다

융성한 태안을 이루기 위해
우리는 새로운 태안의 역사를 개척해 나가야 하기 때문이다.

태안군, 해양치유센터 등 핵심사업 정부예산 확보 '총력'

1,993억 원 확보 목표
10일 군청 중회의실서 '2023 정부예산 확보 전략보고회'
해양치유센터·제2농공단지 조성 등 핵심 사업 추진 위한 예산 확보
방안 논의

올해 역대 최다인 6,946억 원의 본예산을 편성한 충남 태안군이 내년도 정부예산 확보를 위한 발빠른 행보에 나서고 있어 주목받고 있다.

군은 10일 군청 중회의실에서 가세로 군수와 군 공직자 등이 모인 가운데 '2023년 정부예산 확보 전략보고회'를 갖고 주요 전략사업 및 현안사업 추진에 따른 예산 확보방안을 논의했다고 밝혔다.

이날 보고회에서는 내년도 군 자체사업 81건(1,325억 원)과 타 기관 사업 12건(668억 원) 등 총 93건 1,993억 원의 확보대상 사업이 보고됐으며, 이는 올해 확보액 1,562억 원 대비 431억 원(27.6%)이 증가한 수치다.

주요 확보대상 자체 사업은 △해양치유센터 조성 △만리포니아 해양레저 안전교육센터 조성 △태안 제2 농공단지 조성 △가로림만 해양정원 조성 △안흥진성 종합정비 △대기질 개선 지원 등이다.

또한, 타 기관 사업인 △나라키움 정책연수원 건립 △장애인가족 힐링센터 건립 △국도 77호(안면-고남) 4차로 확장 △원청사거리 교차로 개선 등에 대한 예산 확보에도 총력을 기울여 중장기 지역 발전을 도모할 계획이다.

군은 그동안의 정부예산 확보 성과 및 노하우를 바탕으로 올해

각 부처별 공모 일정을 파악해 군 여건에 맞는 사업을 발굴하고 부서별 신규사업 추가 발굴을 독려하는 등 체계적인 노력을 기울인다는 방침이다.

이를 위해 정부예산안의 국회 제출 전까지 가세로 군수를 필두로 중앙부처를 수시 방문하는 등 정책적·인적 네트워크를 적극 활용하고, 충남도의 정부예산 확보 계획과도 연계해 추가사업 발굴에 나서 최대한 많은 정부 예산을 확보하겠다는 각오다.

보고회를 주재한 가세로 군수는 "군의 신성장동력 사업 및 현안 사업 등을 차질 없이 추진하기 위해서는 국·도비 확보가 무엇보다도 중요하다"며 "광개토 대사업을 비롯한 태안의 중장기적 계획, 그리고 자체 신규사업을 중심으로 한 지역 현안 해결을 위해 내년도 정부예산 확보에 총력을 다하겠다"고 말했다.

출처 : 신아일보 이영채 기자 2022.1

忠淸日報

태안군 내년 정부예산 1993억원 확보

2022년 01월 11일 (화)
11면 지역

郡, 전략보고회 열어
올해 比 431억원 증가
치유센터·단지 조성 등
핵심사업 예산확보 논의

충남 태안군이 내년도 정부예산 확보를 위해 총력을 다하고 있다.

군은 지난 10일 군청 중회의실에서 가세로 군수와 군 공직자 등이 모인 '2023년 정부예산 확보 전략보고회'를 갖고 주요 전략사업 및 현안사업 추진에 따른 예산 확보방안을 논의했다.

이날 보고회에서는 내년도 군 자체사업 91건(1325억원)과 도 기관 사업 12건

2023년도 정부예산 확보 전략보고회
2022. 1. 10.(월) 09:00~   중회의실

태안군이 지난10일 군청 중회의실에서 정부예산확보를 위한 전략회의를 개최하고 있다.
/사진·태안군청제공

광복절을 앞두고 언론인들과 함께
격렬비열도를 찾았습니다

동서북 세 개의 섬으로
서·동은 아직도 개인소유로
특히 서격렬은 영해의 기점이기도 합니다
앞으로 우리는
이곳을 공유화하고 누구나 찾을 수 있도록
접안시설도 만들어 실효적 지배가 가능토록 해야 합니다

서해의 끝단
참 아름다운 우리 섬 격렬비열도를
누구나 쉽게 방문할 수 있도록
앞으로 관광 코스로 개발토록 해야 합니다.

가세로 태안군수, 4년차 신해양도시 미래비전 완성 지역 성장

3년간 군민과 소통하며 이원 대산 바닷길 국도 승격, 격렬비열도 국가관리 연안항 예비지정, 안흥진성 국가사적 지정 등 괄목할 만한 성과 거둬

'날자 새 태안이여, 더 잘사는 내일로!'라는 군정 목표 아래 쉼 없이 달려온 민선7기 가세로 태안군수가 4차년도를 맞이했다.

군은 1일 군청 중회의실에서 '민선7기 4차년도 맞이 군정 브리핑'을 개최해 지난 3년간의 주요 성과를 되짚어보고 후반기 군정의 비전과 역점과제 등을 밝혔다.

가세로 태안군수는 "6만 3천 군민 여러분의 따뜻한 지지와 성원에 힘입어 50년 군민 숙원이었던 이원 대산 간 바닷길이 국도로 승격되는 등 지난 3년간 괄목할만한 많은 성과들을 거뒀다"고 밝혔다.

그러면서 "그간의 성과를 뿌리 삼아 남은 기간은 꽃과 열매를 맺어 '군민 모두가 다 함께 더 잘사는 새태안', '환황해권 해양경제의 중심축 태안', '강한 도시 태안'이 될 수 있도록 최선을 다하겠다"고 강조했다.

아울러 "주민들의 오랜 숙원 사업인 국도 77호선(창기 ~ 고남) 4차로 확장·포장과 국지도 96호선 (두야 ~ 신진) 4차로 확장·포장 사업도 차질없이 추진하겠다"고 덧붙였다.

이와 함께 "2025년부터 태안화력 1~6호기가 단계적으로 폐쇄됨에 따라 대체에너지 사업으로 석도와 난도 인근해상에 민자 2조

6000억 원을 투자하는 해상풍력 발전단지 조성사업을 추진 중에 있다"고 말했다.

또 "해수유통을 통한 생태복원 및 해양생태관광도시 육성을 위한 부남호 하구 복원사업이 올해 예비타당성 대상 사업으로 선정될 수 있도록 역점을 둬 추진하겠다"고 다짐했다.

이어 "안면읍 창기리에서 고남면 고남리 일원까지 아름다운 천수만의 해양경관과 지역 문화자원을 연계해, 사람과 자연이 함께 어울러지는 명품 둘레길 조성으로 관광 거점화를 추진하겠다"고 밝혔다.

이날 브리핑에 따르면, 군은 '광개토 대사업'의 기반 구축에 힘써 제5차 국토종합계획에 태안-세종 고속도로 등 총 11개 사업을 반영시키고 특히 올해 국도 38호 이원-대산 간 구간이 국도로 승격되

는 쾌거를 거뒀다.

이와 함께 2021년 제2단계 제1기 지역균형발전사업에 7개 사업이 확정돼 582억 원의 사업비를 확보했으며 제4차 충청남도 종합계획에도 26건의 지역 현안 사업이 대거 반영됐다.

또한, '서해의 독도' 격렬비열도가 국가관리연안항으로 예비지정되고 기초자치단체로는 처음으로 서울대와 인공지능집적단지 조성을 위한 협약을 체결하는 등 굵직한 성과들을 이뤄냈다.

문화관광 분야에서는 철저한 코로나19 차단 방역을 한 가운데 5년 연속 연간 1천만 명 이상의 관광객이 꾸준히 태안을 찾았다.군은 새로운 볼거리 확대를 위해 만리포 전망타워, 뭍닭섬 탐방로 등 특색있는 랜드마크 조성을 완료하고 영목항 나들목 해양관광거점, 꽃

지 전면부 해안공원 정비사업 등은 적극 추진하고 있다.

특히, 안흥진성이 국가사적으로 태안읍성이 도지정 문화재로 승격되는 쾌거를 이뤘으며 동학농민혁명기념관 및 옥파 이종일 선생 생가지 주변정비 사업을 통해 역사와 문화가 공존하는 태안을 만들고 있다.

복지 보건 안전 분야에서는 어르신들의 행복한 노후 생활 보장을 위해 신규로 노인복지관을 개관하고 65세 이상 어르신 버스요금을 인하했으며 육아지원거점센터(아이키움터), 가족 복합커뮤니티센터, 장애인가족 힐링센터 등을 조성 중이다.

또한, 군민 체육관에 코로나19 예방접종센터를 설치해 군 전체 인구의 46%가 코로나19 백신 접종을 완료하는 등 예방 접종이 순조

롭게 진행되고 있다.

농어업 분야로는 전국 최초 농수산물 통합 로컬푸드 직매장을 운영해 지난해 58억 원의 매출을 올린 바 있으며 어촌뉴딜 300 사업에 3년 연속, 일반농산어촌개발 공모사업에 5년 연속 선정돼 총 1,050억 원의 사업비를 확보했다.

그밖에 정주여건 개선과 지역경제 활성화를 위해 생태문화 샘골 도시공원, 남문공영주차장 2층 주차시설, 공동묘지 재정비, 동서시장 일원화 걷고 싶은 거리, 태안읍 생활쓰레기 군 직영 전환을 실시해 군민들로부터 높은 호응을 얻고 있다.

군은 지난 3년간 지역 현안 해결을 위해 가세로 군수를 비롯한 군 공직자들이 직접 발로 뛰어 총 3,906억 원(평균 1,302억 원)의 정부예산을 확보했으며 내년에는 올해보다 10% 상향된 1,277억 원의

예산을 확보하기 위해 적극 노력한다는 방침이다.

　이와 함께 태안의 미래를 이끌어갈 각종 공모사업에 125건이 선정돼 1,152억 원의 사업비를 따냈으며 대외 평가로 원스톱민원창구 우수기관 선정 대통령상 수상 등 49건을 수상한 바 있다.

　앞으로 군은 그간 달성한 성과에 '군민과 함께하는 환황해권 해양 경제의 중심축, 신해양도시 태안으로의 더 큰 도약'이라는 비전을 가지고 △신해양도시 조성 △즐거운 문화 관광 구축 △따뜻한 복지 조성 △활력도시 실현 △농수산업활성화 △스마트 행정 구현 등을 중심으로 군정 역점 과제를 추진해 나간다는 방침이다.

　그 중에서도 특히 국도 38호 이원 대산 연륙교, 태안-세종 간 고속도로, 서해안 내포철도 사업을 역점 추진해 지역발전의 걸림돌인

'접근성'을 강화하고 태안읍성 복원, 태안 중앙로 광장 조성, 도시공원(환동) 조성 등을 통해 역사와 문화 자원을 연계한 정주여건의 획기적인 개선을 이루겠다는 계획이다.

또한, 해상풍력단지 조성, 격렬비열도 중심 개발, 해양치유센터 건립 등 미래 먹거리 산업의 육성을 통해 지역 발전을 견인하고 군정 패러다임의 변혁을 가져올 '군정 솔루션' 창출을 위해 힘쓸 예정이다.

더불어, 마을군수실 운영을 통해 접수된 주민 건의를 전폭 수용하고 정책의 전 과정에 군민 참여를 보장해 나갈 계획이다.

출처 : 충청뉴스 최형순 기자 2021.07

희망과 열정을 심는다

힘든 한 해를 보낸다
그리고
우린 희망을 심는다

태안을 사랑하기 때문이다
우리의 땅!
희망의 땅!

태안!
내일이 있기 때문이다

군청 앞 로터리 짜투리 땅에
희망의 나무를 심어봅니다

예산이 부족하여
직접 고르고 옮겨
정성껏 심어 봅니다

어제
오늘

휴일을 반납하고
희망의 땅에
열정을 심어준
직원 여러분께 감사드립니다

가세로 태안군수,
"새해는 전진과 도약의 해, 태안 새 역사 만들 것!"

"올해는 민선7기 완성의 해로, 지난 4년간의 궤적을 거울삼아 '날자 새 태안이여, 더 잘사는 내일로'라는 방향감으로 정밀하고 밀도 있게 군정을 살펴나가겠습니다."

가세로 태안군수가 4일 군청 중회의실에서 신년 기자회견을 열고 올해 군정 방향에 대한 비전을 제시했다.

가 군수는 지난해 코로나19 등 국내외 어려운 여건 속에서도 국도 38호선(가로림만 해상교량) 국도 승격과 태안고속도로 제2차 국가도로망 종합계획 확정, 샘골도시공원 조성, 종합실내체육관 건립 등 다양한 분야에서 획기적인 성과를 거뒀다며, 올해도 지역경제 회

복과 미래세대를 위한 성장산업 기반 조성을 위해 전 공직자가 최선을 다하겠다고 밝혔다.

이날 기자회견에서, 가세로 태안군수는 △미래 성장동력, 더 강한 태안 △트렌드에 맞는 즐거운 태안 △모두를 배려하는 안심 태안 △고품격 삶의 질 제고, 살고 싶은 태안 △민생중심 경제, 경쟁력 있는 태안 △군민과 함께하는 양방향 스마트 태안 등 6대 군정목표를 제시했다.

또한, 역대 최대인 6,946억 원 규모의 본예산을 편성했으며 이중 농림·해양수산 분야 등 군 주력산업에 1,310억 원, 사회복지 예산에 1,379억 원을 배정하는 한편, 생활 불편 등 주민 건의사업을 적극 반영하고 SOC 확충예산을 증액하는 등 효율성을 극대화한 예산 집행에 나서겠다는 방침을 밝히기도 했다.

구체적으로, 군은 '미래 성장동력, 더 강한 태안'을 위해 태안 미래 발전의 길잡이가 될 중장기 종합발전계획을 내년까지 수립하고 올해 2월부터 태안군 시설관리공단 설립을 위한 타당성 검토 용역에 착수할 계획이다.

또한, 태안해상풍력단지 조성을 위해 정부예산 확보와 관련기관과의 협업 등 구체적 노력을 기울이고, 만리포니아 해양레저 안전교육센터 건립의 경우 올해 상반기 건축설계를 마무리한 뒤 10월 중 착공에 돌입한다는 방침이다.

'트렌드에 맞는 즐거운 태안'과 관련, 군은 태안읍 인평리와 고남면 영목항에 관문 상징조형물을 설치하고 연포해수욕장 해맞이 경

관시설 조성 및 몽산포 전망대 2단계 추진에 돌입할 계획이다.

아울러, 태안읍 중앙로 광장에서 경이정까지 이어지는 '태안읍 역사문화거리'를 조성해 도시경관을 획기적으로 개선하고, 백화산 문화이음길 물놀이장 조성과 백화산 트리워크 설치 사업도 올해 준공 목표로 총력을 기울일 예정이다.

'모두를 배려하는 안심 태안' 분야에서는 지난해보다 12억 원 늘어난 139억 원의 예산을 확보해 노년층의 사회참여 기회를 확대할 계획이며, '어르신 놀이터' 및 '어르신 돌봄센터', '장애인 가족 힐링센터'를 조성하고 초·중학생 입학준비금과 출생 아동 '첫 만남 이용권'을 지원하는 등 군민 부담 경감에 나선다.

'고품격 삶의 질 제고, 살고 싶은 태안' 분야에서는 원북 다채움체육센터 건립 등 생활 SOC 사업 추진에 전력을 다하는 한편, 태안읍 평천리에 '태안 종합운동장 축구 보조경기장'을 조성하고 올해 총 140면의 공영주차장 확보와 더불어 소원면 내 제2 농공단지 조성을 위한 전략환경영향평가에 돌입할 예정이다.

이밖에 '민생 중심 경제, 경쟁력 있는 태안'을 위해 올해 4월 한국 농어촌공사 태안지사 설치에 총력을 기울이고 태안읍 장산리에 태안 북부권 로컬푸드 직매장을 설치할 계획이며, '군민과 함께하는 양방향 스마트 행정'을 위해 군민의견 건의창구를 운영하는 등 소통 강화에도 앞장설 계획이다.

가세로 군수는 "임인년 새해는 태안의 새로운 역사를 창조하는 전진과 도약의 해가 될 것"이라며 "호랑이의 눈으로 통찰하고 소의 걸음으로 뚜벅뚜벅 걷는 호시우보(虎視牛步)의 자세로 군민의 안위를 더 안전하게, 삶을 더 안락하게, 곳간을 더 풍요롭게 만들겠다"고 힘주어 말했다.

출처 : 아주경제 허희만 기자 2022.1

충청투데이

"올해 더 강하고, 즐겁고, 배려하는 태안 될 것"

가세로 군수 2022 군정 밑그림

더 강한 태안 등 6대 군정목표 제시
역대 최대 예산-주민건의사업 총력

가세로 태안군수는 4월 군정 중회의실에서 신년 기자회견을 열고 올해 군정방향에 대한 비전을 제시했다(사진).

가 군수는 "지난해 코로나19 등 국내외 어려운 여건 속에서도 국도38호선 국도 승격과 태안고속도로 제2차 국가도로망 종합계획 확정, 샘골도시공원 조성, 종합실내체육관 건립 등 다양한 분야에서 획기적인 성과를 거뒀다"고 소회를 밝혔다.

이어 가 군수는 △미래 성장농력, 더 강한 태안 △트렌드에 맞는 즐거운 태안 △모두를 배려하는 안심 태안 △고품격 삶의 질 높고 살고 싶은 태안 △민생중심 경제, 경쟁력 있는 태안 △군민과 함께하는 양방향 스마트 태안 등 6대 군정목표를 제시했다.

특히 역대 최대인 6946억원 규모의 본예산 편성과 이 중 농림·해양수산 분야 등 군 주력산업에 1310억원, 사회복지 예산에 1379억원을 배정했으며 "생활불편 등 주민 건의사업을 적극 반영하고 SOC확충예산을 증액하는 등 효율성을 극대화한 예산 집행에 나서겠다"고 밝혔다.

또 군은 '미래 성장농력, 더 강한 태안'을 위해 태안 미래 발전의 길잡이가 될 중장기 종합발전계획을 내년까지 수립하고 올해 2월부터 태안군 시설관리공단 설립을 위한 타당성 검토용역에 착수할 계획이다.

이어 태안해상풍력단지 조성을 위해 정부예산 확보와 관련기관과의 업무 등 구체적 노력을 기울이고 만리포비치 해양레저 안전교육센터 건립의 경우 올해 상반기 건축설계를 마무리한 뒤 10월 중 착공에 돌입하는 방침이다.

'즐거운 태안'과 관련, 군은 태안읍 인평리와 고남면 영목항에 관문 상징조형물을 설치하고 연포해수욕장 해양수 청소년 시설 조성 및 몽산포 로컬푸드 2단계 추진에 돌입할 계획이다. '고품격 삶의 질 제고, 살고 싶은 태안' 분야에서는 원북·이원에 생활보건지소 건립 등 생활밀착 SOC 사업 추진에 전력을 다하는 한편, 태안읍 평천리에 태안 종합운동장 축구 보조경기장'을 조성하고 올해 총 140면의 공영주차장 확보와 더불어 소원면 내 제2 농공단지 조성을 위한 전략환경영향평가에 돌입할 예정이다.

이밖에 '민생 중심 경제, 경쟁력 있는 태안'을 위해 올해 4월 한국농어촌공사 태안지사 설치에 총력을 기울이고 태안읍 장산리에 태안 북부권 로컬푸드 직매장을 설치할 계획이며 '군민과 함께하는 양방향 스마트 행정'을 위해 군민의견 건의창구를 운영하는 등 소통 강화에도 앞장설 계획이다.

가 군수는 "임인년 새해는 태안의 새로운 역사를 창조하는 전진과 도약의 해가 될 것"이며 "호랑이의 눈으로 통찰하고 소의 걸음으로 뚜벅뚜벅 걷는 자세로 군민의 안위를 더 안전하게, 삶을 더 안락하게, 곳간을 더 풍요롭게 만들겠다"고 말했다.

태안=박기명 기자 kmpark3100@cctoday.co.kr

서울 길을 절반으로

이원 만대에서
대산으로
해상교량을 건설하겠다

취임 후 지난 3년
줄곧 가로림만 다리를 노래부르고 다녔다

군수의 힘으론 안 된다 어렵다 했다

특히
정치권에서는 냉소적이었다

그러나
격려해주시는 우리 군민들을 믿고
논거를 가다듬어 여권 핵심부 방송 등을 상대로
당위성을 역설했다

마치 신들린 사람처럼 만나고 읍소하였다

함께 해주신 분들의 관심과 걱정

그리고
격려 속에 지난 3년이었다

며칠 전
그분들로부터 반가운 예감을 느꼈다

5월 12일
국토부 발표자료 확인결과
전국 14개 사업 중 2번째로 오른 사업이다

태안군 50년 숙원
취임 후 추진하는
광개토 대사업의 핵심 부분이
이렇듯 이루어지는 것이다

기적이라 한다
시골 군수의 저력이라 한다

아니다
부족한 군수를 믿고 힘을 보태 주신
군민들 덕분이다

잊지 못할 몇 분이 있다

홍영표 대표님
정세균 총리님
진선미 국회건교위원장님
안도걸 기재부 차관님께
감사드린다

믿고 따라준 직원분들이
너무 고맙다.

가세로 태안군수,
당지도부에 "이원-대산 교량건설 염원" 전달

가세로 태안군수가 지난 15일 가로림만 현장을 살피기 위해 서산시 황금산 일대를 방문한 송영길 더불어민주당 대표 및 당 지도부에 이원-대산 간 교량 건설에 대한 군민들의 염원을 알렸다.

이날 현장 방문에서는 민주당 지도부를 비롯해 가세로 태안군수, 맹정호 서산시장, 충남도 관계자 등이 참석했으며, 가 군수는 교량 건설 필요성에 대해 △태안북부권 지역주민 의료권 보장 △낙후지역 개발 △서해안 관광벨트 완성 △국토 균형발전 등을 언급했다.

교량 건설이 태안군민의 50년 숙원이라고 밝힌 가 군수는 해당 사업이 고창·보령·태안·서산을 연결하는 서해안 관광벨트 완성의 마지막 퍼즐이자, 서울·경기·인천 등 수도권 관광객의 접근성을 높일 수 있는 '서해안 스마트 하이웨이' 핵심 구간이라고 밝혔다.

아울러 태안과 보령을 연결하는 국도 77호선 보령해저터널로 완공을 앞두고 있어 보령-태안-대산-서울을 관통하는 순환형 도로체계가 구축될 경우 태안을 명실상부한 관광입군으로 급부상시키는 '신의 한 수'가 될 것이라 언급했다.

가 군수는 균형발전과 정책성 평가의 비중이 높은 종합평가(AHP) 방식이 이번 '제5차 국도·국지도 5개년 계획'에 적용돼 교량건설 사업이 반드시 반영되길 간곡히 바란다고 말했다.

가세로 군수는 "지난 5월 12일 제38호선 국도 승격에 도움을 주

신 데 대해 깊은 감사를 드린다"며 "고속도로, 철도, 공항이 없는 3무(無) 도시인 태안의 교통 접근성을 보강하는 대안사업이자 6만 3천여 군민의 숙원사업이 될 가로림만 국도건설 사업이 이번 정부계획에 반영될 수 있길 바란다고 밝혔다.

출처 : 서산태안신문 전희영 기자 2021.07.

충청매일   2021년 07월 19일 (월)
                                                  10면 지역

"이원~대산 교량건설은 군민의 생존"

송영길 민주당 대표 등 당 지도부 가로림만 방문
가세로 태안군수, 정부계획 반영 등 군민 염원 전달

"태안군의 입장에서는 일반적 국도건설이 아닙니다. 태안을 살려내는 간절한 생존 염원입니다."

가세로 태안군수가 지난 15일 가로림만 현장을 살피기 위해 서산시 황금산 일대를 방문한 송영길 더불어민주당 대표 및 당 지도부에 이원~대산 간 교량 건설에 대한 군민들의 염원을 일행했다.

이날 현장 방문에는 민주당 지도부를 비롯해 가세로 태안군수, 맹정호 서산시장 충남도 관계자 등이 참석했으며

라고 밝힌 가 군수는 해당 사업이 고창·보령·태안·서산을 연결하는 서해안 관광벨트 완성의 마지막 퍼즐이자, 서울·경기·인천 등 수도권 관광객의 접근성을 높일 수 있는 '서해안 스마트 하이웨이' 핵심 구간이라고 밝혔다.

아울러 태안과 보령을 연결하는 국도 77호선 보령해저터널로 완공을 앞두고 있어 보령~태안~대산~서울을 관통하는 순환형 도로체계가 구축될 경우 태안을 명실상부한 관광일번구로 급부상

가세로 태안군수가 지난 15일 가로림만을 방문한 송영길 더불어민주당 대표와 당 지도부에게 이원~대산간 교량 건설에 대해 설명하고 있다.

가로림 만대 다리

태안 이원 만대에서 서산 대산으로
가로림만 다리가 연결된다!
그토록 기다렸던 우리 모두의 숙원이 이루어지는 것이다

혹자는 비웃고 의아해하고
어떤이는 어림없다 했다

그러나 그 기초조사비용의 국비가 확보됨으로
비로소 이 광개토 사업이 추진되는 것이다

청와대, 국회, 중앙부처 장차관,
추미애 대표, 홍영표 대표, 양승조 도지사,
안상수 예결위원장, 성일종 의원,
박수현 실장 유인태 국회사무총장,
박완주 위원장, 어기구 이장우 국회의원 등
모든 분들께 감사 드린다

서울, 인천, 경기가 가까워진다
우리 태안의 땅이 넓어진다
태안의 위상이 높아진다

취임 전후 지난 6개월간
계속 마법에 걸린 사람마냥

'태안이 어려우니 가로림만 다리를 놓아주세요!'
역설하고 다녔다
군민 모두에게 다시 한 번 감사드린다

묵묵히 기다리며 믿어주시고
힘들 때마다 격려하여 주신 힘이
바로 그 원천이기 때문이다
그리고
군청 공직자 여러분께도 고마운 마음을 드린다.

가세로 군수, "교통·관광 영토 넓혀 잘사는 태안 건설"

광개토 대사업과 해양 헬스케어 육성 통해 지역발전 견인할 것

고구려 광개토대왕은 우리나라 역사 속 왕 중에서도 가장 크게 국토를 확장하고 우리나라를 동북아 패권국으로 변화시킨 용맹했던 왕으로 꼽힌다. 지금 태안군에서는 마치 광개토대왕이 영토를 확장하듯 군의 인프라를 넓히기 위한 '광개토 대사업'이 활발하게 진행되고 있다.

광개토 대사업은 태안군 민선 7기 핵심 역점 사업으로 태안과 서울 및 경기권역 등 주변 지역의 지리적 접근성을 개선하는 사업이다. 여기에는 서해안 고속도로 연장, 지방도로와 국도 확·포장, 연륙교 건설 등이 포함되어 있다. 가세로 태안군수는 "태안 100년 미래의 성장 동력이 될 핵심 사업인 '광개토 대사업'의 실현을 위해 정부와 국회 등을 대상으로 적극적인 대응과 협의를 진행해 각종 사업의 국가 계획 반영과 예산 확보에 최선을 다하겠다"고 말했다.

태안군은 아름다운 해변과 해안사구, 자연휴양림 등 관광자원과 풍부한 해양 생태자원도 갖고 있다. 가 군수는 "태안 만리포를 최고의 서핑 중심지로 육성하고, 각종 해양 자원을 치료에 활용하는 해양 헬스케어를 통해 전국 최고의 해양 생태 도시로 조성하겠다"는 포부도 밝혔다.

–가로림만 연륙교 건설과 두야~신진도 확장·포장 사업을 국가예산에 반영시키면서 '광개토 대사업'이 가시화됐다. 태안군에 미치는 기대효과는 무엇인가.

지난해 기초 조사사업 국비를 확보한 국도 38호 가로림만 연륙교가 건설되면, 태안 서북부권은 수도권과 접근성이 크게 향상돼 국가계획인 서해안 관광산업도로(인천~목포)의 중심이 될 것이다. 또한 서산·당진 지역의 첨단산업이 태안까지 확대돼 배후 도시로 성장할 수 있을 것으로 기대되며, 국지도 96호 두야~신진도 확장·포장 사업 완료 시 관광객 유입 효과가 매우 클 것으로 예상된다. 이와 함께 서해안 대표 관광지 안면도의 종단도로인 국도 77호(고남~창기)의 4차선 확장을 통해 주말마다 고질적으로 발생하던 병목현상을 해결, 주민 불편 해소와 관광객들의 편의를 증진할 수 있을 것이다.

이를 위해 국도 38호 가로림만 연륙교 건설과 국지도 96호 두야 ~신진도 확장·포장 등이 국가 상위 계획에 반영될 수 있도록 주력할 것이다. 지난 2월 예비타당성 면제가 확정된 국도 77호선 구간은 행정 절차, 설계 등을 거쳐 조기 착공할 수 있도록 힘쓸 예정이다.

–태안~보령 간(국도 77호선) 연륙교가 올 12월 완공되면, 차량 이동 시 태안과 보령 간 차량 소요 시간이 100분에서 10분으로 줄어든다. 접근성 개선으로 인해 지역 발전에 어떤 영향을 미칠까.

올해 완공 예정인 태안~보령 간 연륙교와 2021년 마무리 예정인 해저터널이 완료되면 태안 영목항에서 보령 대천항까지 차량 소요 시간이 기존 100분에서 10분으로 단축돼, 관광산업 발전의 획기적인 계기가 될 것으로 예상하고 있다. 우선 바다와 육지가 연결되는

영목항에 '영목항 나들목 해양 관광 거점'을 조성해 관광객 수요에 능동적으로 대처해 지역경제 활성화를 이뤄낼 계획이다. 영목항 일원 4803㎡ 면적에 약 70억 원의 예산을 투입해 전망타워, 홍보·전시실, 방문자 센터, 휴게실, 주차장 등을 건립해 태안의 랜드마크로 만들 방침이다.

올해 초 영목항이 신규 국가 어항 대상지로 지정됨에 따라, 태안~보령 간 연륙교 개통에 발 맞춰 환황해 지역의 중심 어항으로서 향후 관광·레저·유통·물류·가공의 핵심 어항으로 발전할 수 있을 것으로 기대된다. 또한 연륙교 개통에 따라 코리아플라워파크 꽃축제와 빛축제, 만리포와 꽃지 등 주요 해수욕장과 천리포수목원, 안면도 휴양림, 신두리 해안사구 등 주요 관광지를 찾는 관광객 수가 늘어 지역 경제 활성화에 큰 도움이 될 것으로 본다.

–충남도청 '가로림만 국가해양정원 보고회'에서 부남호 역간척과 굴포운하 복원을 통한 해양 생태 도시 조성을 주장했는데 구체적으로 설명한다면

부남호는 1984년 물막이 공사 후 농경지로 활용하고 있으나 수질 악화로 농·공업용수 사용이 불가능하고, 환경오염 문제로 민간 투자가 저조한 상황이다. 역간척으로 수질 개선과 생태계 복원을 통해 부남호 인근 태안 기업 도시 등의 민간 투자를 촉진하고, 해양 생태 도시를 조성해야 한다. 사업이 원활하게 진행돼 민간 투자가 촉진되면, 약 18조원의 생산 유발 효과와 42만 명의 취업 유발 효과가 발생할 것으로 예측된다. 이에 군은 역간척 사업의 법적 근거 마련을 위한 특별법 제정과 간척 농지 용도 변경을 위한 농업 진흥 구

역 해제, 기업 도시 및 웰빙 특구 변경 계획 승인 등을 해줄 것을 충청남도에 건의했다.

　아울러 12세기에 굴착된 우리나라 최초 운하 유적인 '굴포 운하'를 복원하고, 역사성과 문화재적 가치를 활용한 공원으로 조성해 관광 효과를 극대화할 계획이다. 이를 위해 '가로림만 국가해양정원 계획'에 '굴포 운하 복원 및 공원 조성사업'을 추가로 반영해줄 것과 타당성 검토 및 기본 계획 수립, 문화재 발굴 조사 등을 해줄 것을 건의해 양승조 충남지사의 긍정적인 답변을 이끌어낸 바 있다.

–2017년 해양수산부의 역점 사업인 '해양 치유 가능 자원 발굴 및 산업화를 위한 실용화 연구' 협력 지자체로 선정돼 '해양 헬스케어 복합단지 조성'을 위해 발빠르게 나서고 있다는데

　최근 주목받고 있는 '해양 헬스케어 복합단지 조성 사업'은 해양의 기후와 지형, 해수, 해초, 해산물 등 각종 자원을 이용해 질병을 예방하고 건강 증진에 활용하는 것으로 태안과 밀접한 미래 사업이다. 태안군은 국내 유일 해안국립공원으로 28개의 해수욕장과 해송 군락지, 솔향기길, 신두사구 등 훼손되지 않은 생태 환경을 갖추고 있으며 소금과 염지하수, 황토 등 해양 치유 자원도 풍부하다. 이러한 천혜의 조건을 바탕으로 의료와 관광을 융합시켜 태안이 해양 헬스케어의 중심 도시로 자리 잡을 수 있도록 다양한 노력을 기울이고 있다.

　전국 최초로 해양치유 자원인 '모아(torf Moor Mud, 진흙 성질의 탄)'를 발굴하고, 해양치유 분야의 선진국인 독일 전문가를 초청해 간담회를 개최하고 군에 적용할 방안에 대해 논의한 바 있다. 최근에는 태안 바다모래를 활용한 치유 운동 효과를 다룬 논문이 해외 유명 학술지에 게재돼 그 효능을 세계적으로 인정받는 등 군은 해양 헬스케어 산업을 선도하기 위해 발빠르게 나서고 있다. 군은 앞으로 국비 확보를 위한 투자 심사 등 행정 절차를 이행하면서, 자연공원법 공원 시설에 해양 치유 센터가 포함되도록 해양수산부와 긴밀히 대응해나갈 계획이다.

–한편 최근 서퍼들에게 인기 있는 만리포를 '2020년 서퍼 5만 명 방문'을 목표로 서핑 명소로 만들겠다고 밝혔는데

만리포는 지난해 전년 대비 2배 증가한 총 2만 3000명의 서퍼가 방문하는 등 서해안 최고 서핑 장소로 해마다 인기가 높아지고 있다. 군은 만리포해수욕장 일원에 국비 포함 300억 원의 예산을 투입

해 '만리포니아 서핑 스팟 조성 및 해양 레포츠 안전교육센터 건립' 사업을 추진하고 있다.

2020년 '서퍼 5만 명 방문'을 목표로 파도가 없는 날 육상에서 서핑 연습이 가능한 '볼파크' 조성, 서핑 특화 해수욕장을 알리는 상징 조형물 설치 등을 추진할 예정이다. 이와 함께 해양 레포츠 안전교육센터를 건립해 해수 아쿠아 풀장, 인공 서핑장, 가상현실관, 체험 다이빙 센터 등을 조성해 만리포를 대한민국 최고의 해양 레저 중심지로 육성할 계획이다.

–태안 농수산물 장터(태안 도로역) 조성사업의 소개와 진행 상황은

'태안 농수산물 장터(태안 도로역) 조성사업'은 남면 당암리(국도 77호선) 일대 2만 9911㎡ 면적에 국비·도비 포함 총 사업비 190억 원을 투입해 농축수산물 직판장, 로컬푸드 식당, 수산 가공·연구시설, 공원 등을 조성하는 사업이다. 현재 부지 조성, 공원, 주차장 등은 공정률 80%로 이달 준공을 목표로 진행 중이다.

농축산물 직판장은 넓이 1,420㎡에 2층 규모로 판매장, 소포장실, 저온저장고를 갖추고 다음 달 임시 개장한다. 수산식품 산업 거점단지 조성사업 중 수산물 유통·판매시설은 다음 달에 착공해 올 11월, 수산물 연구·가공시설은 2020년 준공 예정이다.

'태안 농수산물 장터'는 관광객의 편의 도모와 함께 지역 경제 활성화에 도움이 될 수 있도록 특색 있고 차별화된 내용으로 사업을 추진해나갈 계획이다.

–하략–

출처 : 머니투데이 편승민 기자 2019.04.

가로림만과 천수만의 물길을 연결해야

며칠 전
가로림만 국가 해양정원과 관련하여
도청에 다녀왔습니다

'가로림만 국가해양 정원'의 청사진을
구체화하는 시간이었습니다

제가 나고 자란 곳은
가로림만의 작은 포구 '도내'입니다

그래서
저는 바다와 가로림만을 잘 알고 있습니다

천수만의 B지구 물길을 끌어들여
굴포운하로 하여금 가로림만과 연결 복원시키는
대역사를 통해 관광 소재를 개발하고
새로운 환경 여건을 조성하여
생태계의 되살림은 물론
낙후된 지역 개발을 극대화하여
태안을 부흥시키는 결정적인 계기가 될 것이 확실하여

제가 직접 브리핑을 하였습니다

가로림만 국가 해양정원은
태안을
살아 숨 쉬는 역사와 문화의 공간,
오랫동안 체류하며 여가를 즐길 수 있는 공간으로
변화시킬 것입니다

가로림만!
명실상부한 '가로림만 국가 해양정원'을 만들어
후대에게 물려주기 위해
최선을 다하겠다는 다짐을 해봅니다

새로운 태안을 그리며

토요일에는
우리 군을 찾아주신
양승조 도지사님과 함께
신진도와 가의도를 방문하여
주민들의 이야기를 들었습니다

뵈올 때마다
반갑게 맞이해주시는
군민분들 덕분에
꽃샘추위에도
마음은 따뜻했습니다

이어 일요일에는
천수만 B지구에서
부남호 역간척 사업과
최초의 운하인
굴포운하 복원 추진과 관련하여
심도깊게 논의하는 시간을 가졌습니다

우리 태안을 획기적으로 발전시키는
계기가 됨을 확인하는 자리였습니다

굴포운하와 부남호

고려시대부터 조상들의 개척정신이
굴포에서 운하를 시도했다.

세계 최초의 시도
수에즈운하와 파나마운하보다
무려 500년 앞선 조상들의 창의성
자랑스런 유산
굴포운하
불굴의 투지와 의지가
시대의 한계보다 앞섰던 선조들의 지혜
사막을 옥토로 일구는 오늘의 대한민국
굴포운하를 다시금 조명하여
부남호에 태안과 서산의 관광호에 돛을 올리자

가세로 태안군수
"굴포운하·부남호 하구 복원해 4년 연속 1000만 관광객 유치"

대한민국 도시 이야기 '국내 유일 해안국립공원 품은' 충남 태안

가세로 태안군수(64·사진)는 "국내 최초의 운하 유적인 굴포운하를 복원하고 천수만 부남호 하구를 복원해 태안 관광산업을 키우겠다"며 "이를 발판으로 4년 연속 관광객 1,000만 명이 태안군을 찾도록 행정력을 집중하겠다"고 말했다. 경찰 간부 출신으로 세 번의 고배를 마신 끝에 지난해 6·13 지방선거에서 당선된 가 군수는 29일 한국경제신문과의 인터뷰에서 "태안의 미래성장동력은 바다를 활용한 해양사업"이라며 "바다뿐만 아니라 바다를 찾을 수 있도록 도로

등 사회간접자본시설 투자에도 적극 나서겠다"고 강조했다.

가 군수는 "올해 공을 들이는 사업은 굴포운하 복원과 부남호 하구 복원 사업"이라고 소개했다. 굴포운하는 12세기에 굴착된 국내 최초의 운하 유적이다. 수에즈운하(1869년), 파나마운하(1914년)보다 500년이나 앞서 건설된 운하다. 가 군수는 "역사성과 문화재적 가치를 활용해 공원을 조성하고 생태계 복원을 통해 관광 효과를 극대화하겠다"며 "충청남도에 굴포운하 사업의 타당성 검토 및 기본계획수립, 문화재 발굴조사 등을 건의했고 긍정적인 답변을 얻고 있다"고 설명했다.

가 군수는 "부남호 하구 복원도 추진한다"고 말했다. 부남호(1527㏊)는 태안군 남면 당암리~서산시 부석면 창리 사이에 있는 호수다. 현대건설이 1984~1995년 대규모 간척농지 개발사업(서산 B지구)을 벌여 생겼다. 부남호는 물막이 공사 후 농경지로 활용 중이지만 수질 악화(6등급)로 더 이상 농·공업용수 사용이 불가능하다. 가 군수는 "부남호 갑문을 열어 하구를 복원하면 마리나항 투자 유치와 갯벌생태복원 사업을 벌일 수 있다"며 "해양 힐링 공간으로 꾸미면 연간 1,000만 명 이상의 관광객이 태안군을 찾을 것"이라고 말했다.

가 군수는 "결혼장려금 사업과 도시민 유치 전원마을을 조성하고 있다"고 소개했다. 올해부터 만 20~49세 미혼남녀가 혼인신고 제출 시 태안군 내에 주민등록을 하고 있으면 결혼장려금 250만 원을 3회 분할 지급한다. 또 51억 원을 투입해 2022년까지 25~30가구의 전원마을을 조성한다. 가 군수는 "명품 전원마을 단지도 조성해

도시민들을 유입시키겠다"고 말했다.

가 군수는 "관광객 유치를 위해 올해부터 관내 28개 해수욕장이 조기·야간개장을 한다"고 밝혔다. 우선 만리포해수욕장이 오후 7~10시까지 시범 야간개장한다. 야간개장을 통해 관광객을 유치하고 지역경제를 활성화한다는 취지다.

출처 : 연합뉴스 조성민 기자 2019.03.

충청투데이

충남도 '부남호 역간척' 가속도

양승조 지사 현장 찾아 집중점검

大田日報

충남도 부남호 역간척사업 속도

이달 기본계획 용역 착수 내년 1월 완료

II

반도를 뛰어넘어 미래로

태안의 돛을 올려라

둥둥 울려라
북을 울려라

순풍에 돛달고 물길 가르며
푸른 파도 헤치며 달려 나가자

때로는
역풍 불어 격랑일지라도
갈매기 벗하며 이겨 나가자!

우리 태안에도
멋진 로터리와
태안의 비상을
뜻하는 조형물이 세워졌다

지역의 예술인 37명이 태안군과 하나가 되어
일찌기 없었던 작품을 만들어
새롭게 조성된 군청 앞 로터리에 세웠다

척박한 예술의 태안 땅에 이를 자양분 삼아

새롭게 군격을 높이려 했다

"날자! 새 태안이여
더 잘사는 내일로!
광개토 태안으로!"

기필코 우리는 나가야 한다.

'명품 관광지에서 최첨단 과학·치유도시로' 태안군 신해양도시 비상 밑그림 나와

'태안의 미래는 바다' 사람과 자연 그리고 첨단기술이 공존하는 신해양도시 태안 건설

'서해안의 대표 명품 휴양 관광지'인 태안이 풍부한 해양자원을 활용해 최첨단 과학·건강한 치유·친환경 생태 등을 담은 '신해양도시'로 새롭게 비상한다.

군은 지난 16일 군청 중회의실에서 가세로 군수, 군 관계자, 자문교수단, 용역사 등이 모인 가운데 '태안군 신해양도시 미래비전 중간 보고회'를 가졌다.

이날 보고회에서 군은 신해양도시 건설을 위해 '군민과 함께하는

환황해권 해양경제의 중심축 신해양도시 태안'이라는 비전과 함께 목표로 '해양의 다원적 가치를 활용한 태안의 지속가능한 발전기반 구축'을 제시했다.

또한, 이를 실현하기 위해 '최첨단 과학도시', '건강한 치유도시', '친환경 생태도시', '스마트 수산도시', '포용적 교류도시'라는 5대 추진 전략과 세부사업을 함께 발표했다.

보고회에 따르면, '최첨단 과학도시' 사업으로 인공지능 기반 노인건강관리 서비스 등을 운영하는 '해양휴양형 인공지능 연구기반 조성', '해상풍력 발전단지 조성' 등을, '건강한 치유도시' 사업에는 해양치유센터·해양치유바이오단지·해양치유특화어촌 개발 등이 결합된 '해양치유산업 클러스트'와 계절과 상관없이 1년 내내 즐길 수

있는 '다계절 테마 해수욕장' 등을 계획 중이다.

또한, '친환경 생태도시' 사업으로는 '가로림만 국가 해양정원 조성', '부남호 해수유통 추진'을, '스마트 수산도시' 분야에서는 '해삼 산업 클러스터 육성', '수산식품 산지거점유통센터 건립' 등을 계획하고 있으며 '포용적 교류도시' 사업으로 국도 38호선 이원-대산 간 연륙교 건설 등 '연안지역 교통인프라 강화'와 체재형 주말별장 조성 및 문화·예술인 한 달 살기 등을 통한 '귀어·귀농 활성화 및 잠재적 인구유치' 등을 구상 중이다.

가세로 태안군수는 "앞으로 태안의 풍부한 해양 자원을 활용, 문화·관광·경제 부문에 접목해 태안의 백년 미래를 이끌 다양한 혁신 성장동력을 개발, '환황해권 해양경제의 중심축 신해양도시 태안'을 만들 수 있도록 최선을 다하겠다"고 말했다.

출처 : 미디어 투데이 안상일 기자 2021. 2

훨훨 날아라! 씽씽 달려라! 안면도

30년 만의 숙원사업이 드디어 첫 삽을 떴다.

먼 옛날 안면곶의 역사를 뛰어넘어
판목의 아픔을 운명으로 견딘 안면운하

역사는 돌고 도는 것

안면운하 위에 다시 연륙교가 놓여
이별했던 육지와 다시 손을 잡더니
원산안면대교의 개통으로 섬으로 뻗어나가
이제 보령해저터널로 질주하는 안면의 사통팔달
날개를 달고
바퀴를 달더니
수중날개까지 달고 태안의 관광을 이끄는 안면도!

충남도, 30년 숙원 풀었다…
'안면도 관광지 개발 사업' 내년 착공 전망

우선협상대상자 '온더웨스트 컨소시엄' 선정… 메리츠증권·신세계건설·미국 투자 전문회사 등 국내외 9개 기업 참여—
—오는 2025년까지 1.3조 투입 호텔·콘도·골프장·상가 등 조성—

 충남도의 30년 숙원사업인 안면도 관광지 개발사업이 내년 첫 삽을 뜰 전망이다.양승조 충남지사는 21일 도청 프레스센터에서 기자회견을 열고 "안면도 관광지 1·3·4지구 개발 사업자 공모 결과 '온더웨스트 컨소시엄'을 3·4지구 개발 우선협상대상자로 선정했다"고 밝혔다.

 이번 공모는 코로나19, 경기 위축 및 관광·레저 분야 투자 기피,

부지 매입으로 인한 사업자 비용 부담 등에 따라 토지 사용 방식을 전체 매입에서 △전체 임대 △부분 매입 △전체 매입으로 조건을 완화해 실시했다.

이 결과 3개 컨소시엄이 응모했고, 외부 전문가와 관계 공무원으로 평가위원회를 구성해 사업제안서를 비롯한 제출 서류에 대한 공모 조건 충족 여부 등 1차 평가를 최근 실시한 결과 모두 적합 판정을 내렸다.

이어 관광개발, 금융, 회계, 법률 분야 외부 전문가 12명으로 평가위원회를 꾸려 계획과 수행 능력 등 2차 평가를 실시해 3·4지구 개발에 응모한 온더웨스트가 우선협상대상자 선정 기준을 충족했다고 최종 결론 내렸다.

1지구는 1개 컨소시엄이 3·4지구와 함께 개발하겠다며 응모했으나 사업자 선정 기준을 충족하지 못했다고 판단, 추후 재추진 방안을 모색하기로 했다.

'온더웨스트'는 메리츠증권과 신세계건설, 한국투자증권, 미국 투자전문회사인 브릿지락캐피탈홀딩스, 신한금융투자, 디엘이앤씨, 마스턴투자운용, 조선호텔앤리조트, 오스모시스홀딩스 등 국내외 9개 기업이 참여했다. 대표 기업은 메리츠증권이 맡았다.

'온더웨스트'는 사업제안서를 통해 '안면도 고유의 아이덴티티를 온전히 감싸 안으며 누리는 새로운 시그니처 서해 라이프 스타일'을 주제로 안면도 관광지를 조성하겠다고 밝혔다.

구체적으로 오는 2025년까지 안면도 3·4지구 214만 484㎡에 1조 3384억 원을 투입해 호텔·콘도·골프 빌리지 등 1,300실 규모의 숙박시설과 상가, 18홀 규모 골프장, 전망대, 전시관 등 휴양문화시설, 해안산책로 등을 조성한다.

특히 숙박시설 활용도 제고를 위해 물놀이 시설과 해외 유명 콘텐츠 전시관 등을 설치, 가족 모두가 함께 즐길 수 있는 프로그램을 구성·운영한다. 또 호텔 옥상에서 자연경관과 서해안 낙조를 조망할 수 있는 수영장을 개설하고, 3지구 끝자락인 둔두리 언덕까지는 산책로와 전망대를 설치한다.

도는 온더웨스트의 투자가 정상 진행될 경우 생산 유발 2조 6167억 원, 고용 유발 1만 4455명 등의 효과가 있을 것으로 분석했다.

양승조 지사는 "우리 도는 앞선 실패를 반복하지 않기 위해 2년 동안 전국 56개 기업을 직접 찾아다니며 투자설명회를 진행하고, 투자

여건 개선을 위해 노력해 이번 결과를 도출했다"며 "협약 체결까지는 150일 남아있지만 우선협상대상자의 특수목적법인 설립, 투자이행보증금 납부, 토지 매매·임대 계약, 조성 계획 변경 및 사업 시행까지 남은 절차를 속도감 있게 진행해 내년 하반기부터는 공사를 시작할 수 있도록 할 것"이라고 말했다.

한편, 안면도 관광지 조성 사업은 오는 2025년까지 태안군 안면읍 승언·중장·신야리 일원 294만 1735㎡에 총 1조 8852억 원의 민간자본을 투입, 테마파크와 연수원·콘도·골프장을 건립해 세계적인 수준의 사계절 명품휴양 관광지를 조성하는 대규모 계획이다.

그동안 대규모 민간자본 유치를 위해 넬슨사(1997년), 뿔림사와 콜라텔사(1999년), 알라스로사(2003년),인터퍼시픽컨소시엄(2006년), 롯데컨소시엄(2018년), KPIH(2020년) 등을 우선협상대상자로 선정했지만 번번히 계약이 무산되며 사업 추진에 난항을 겪어 왔었다.

출처 : 매일경제 조한필 기자 2021. 12

새로운 태안을

태안을 새롭게

낙후된 도심도
새롭게 바꾸자

지금까지 복군 30여 년간
불편했던
찌들었던
침침했던

그러한 것들을
새롭게 바꿔보자

서울은 아니지만 서울보다
더 좋게!

가세로 군수 인터뷰,
태안군의 겸손한 '2021 사구축제 및 솔향기 길 축제'

"대한민국은 태안군을 사랑했다." 충남 태안군 가세로 군수는 국민들의 따뜻한 사랑의 인사말을 잊지 않았다.

지난 13일 단계적 일상회복(위드 코로나) 시행으로 접종 완료자 499명이 참여하여 지역경제 활성화을 위하여 신두리 해안 "사구 축제" 및 "솔향기길 축제"가 코로나 퇴치 일환으로 겸하며 개최됐다. 전국에서 관광객들이 몰렸다.

자연의 아름다움을 만끽할 수 있는 가을 축제를 겨울의 문턱에서 천혜의 관광자원 문화콘텐츠로 개최했다. 무대에서 지역주민들과 함께 관광객들에게 "사랑합니다" 외친 가 군수.

리기태 방패연 명장의 메인행사 "코로나야 물렀거라!" 대형 파라 포일 연으로 시연했다.

가 군수는 이날 국민들에게 머리를 숙이고 두 손을 모아 고마움의 인사말을 했다. 항시 회의와 행사, 각종 모임 등에서도 국민들에게 고마움을 전했다.

2007년 12월 7일 태안군 만리포해수욕장 앞바다에서 홍콩 국적 대형유조선 허베이 스피리트호와 삼성중공업 해상 크레인이 충돌했다. 원유 12,547㎘가 유출되는 최악의 해양 오염사고가 발생했다. 깨끗하고 청정의 바다가 죽음의 바다로 변했다.

기적과 같이 대한민국 국민들이 나섰다.

국민들이 나선 후 태안군은 절망과 슬픔에서 환희로 돌아섰다.

이에 가세로 군수는 옷깃을 여미고 두 손을 모으고 겸손한 자세로 고생한 지역주민들과 함께 관광마케팅을 국내외 관광객들에게 환영의 손을 흔들었다.

원북면 신두리에 위치한 해안사구는 천연기념물 제431호로 지정문화재로 '2021년 대한민국 사구 축제'가 생태탐방로 4km를 걷는 '해안사구 걷기대회'가 진행됐다. 선착순으로 완주하는 관광객들에게는 지역생산품을 선물했다.

행사장 개막식에서 태안군 유연환 행정안전국장과 장경희 문화예술과장이 대형 플래카드 8M X 3M를 연에 달아 힘차게 하늘로 올렸다.

올해로 7회째를 맞는 '제7회 솔향기길 축제'는 절망과 슬픔에서 환희로 바꾼 대한민국 꿈의 문화콘텐츠였다. 이 메인행사는 리기태 방패연 명장 외 3인의 환상적인 연날리기를 시연했다.

가세로 군수는 우리 태안군을 찾아주신 많은 분들에게 우선 고맙다는 인사를 하고 "태안군은 여러분들 잘 아시다시피 만리포 앞바다에 큰 재앙이 왔었는데 대한민국 국민들이 전국에서 123만 자원봉사자들이 오셔서 말끔하게 치워주셨습니다." 또 "당시 추운 겨울날씨에 손이 터지면서 손에 피가 나도록 돌 하나하나 다 닦아주시고 이렇게 다시 대자연의 환희를 느낄 수 있는 태안군을 만들어 주셨다"며 겸손하게 머리 숙여 감사의 인사를 했다.

"이곳에서 1만 5천 년 전부터 바람과 모래가 하나하나 쌓이면서 거대한 언덕의 천연기념물 431호 지정된 지 금년이 20년 됐다" 또 "이곳에서 사구축제와 솔향기길 축제에 코로나가 성큼 물러날 수 있도록 염원하는 연날리기로 저 푸른 행운을 향해서 나가자"며 강조했다. "태안을 방문하신 모든 분들 따뜻하게 안내해드리겠다"며 지역 경제의 활성화를 위해 "지역의 상인들이 정성스레 만든 먹거리도 함께 즐겼으면 좋겠다"고 환영의 목소리를 외쳤다.

이곳은 가 군수가 소개하는 신두리 해안사구이다. 천연기념물로서 해류에 의해 모래가 퇴적되면 파랑에 의해 밀려 올라가 낮은 구릉 모양으로 쌓여 이루어진 해안 지형을 말하며 신두리 해안은 모래 언덕이 형성되기 좋은 지형적 조건을 가지고 있다.

태안군이 천연 트래킹 코스를 '명품 산책로' 솔향기길로 만들었다. 5코스로 총 길이는 51.4Km이다. 그중 1코스는 만대항에서 꾸지나무꼴 해변까지 약 3시간 30분이면 완주한다.

솔향기길 축제는 대한민국 국민이면 누구나가 한번 꼭 찾아볼 명품이다. 못 보면 손해일 정도로 아름답다. 아름다운 경치와 함께 트래킹을 해보면 신선한 공기와 함께 향기로운 솔향기가 건강에 도움을 준다.

이 축제 중에 가장 빛나는 하이라이트는 리기태(한국연협회·리기태연보존회 회장·아시아투데이 상무이사) 방패연 명장의 환상적인 메인 천상 연날리기였다.

가세로 태안군수와 리기태 방패연 명장 및 내빈들이 무대 위에서 수 백개의 태극기 줄연 시연으로 개막식 행사가 진행됐다.

– 하략–

출처 : 아시아 투데이 류두환 기자 2021. 11.

미래 100년의 첫 시도

이장 직선제
전국 최우수 공약
메니페스트 실천

본부에서
우리 태안의 이장 직선제 공약이
전국 최우수 공약으로 선정되었다

지난 선거출마에
이 공약을 내걸고
이를 실천하려 하자 반발이 심했다

나를 두고 바보라면서
심지어 차기 득표에도 도움이 안 될 것이라 했다

그때마다 나는
이장님들이 당당하게
주민들의 선택을 받아야
주민들로부터 존경받고
주민들을 섬길 수 있다는 말씀을 드렸다

쓴소리도 많았고 저항도 있었다

이제는 모두 이해도 해주시고
착근도 되었다

3년이 걸렸다

그만큼 우리 태안은
마을부터 민주화되고
절차와 공정을 지향하고 있는 것이다.

가세로 태안군수, '태안 미래 100년 발전의 큰 획' 긋다

– 광개토 대사업 핵심은 접근성, 경제적 영토 확장– 이원~대산 교량
↔태안 고속도로↔내포철도 3대축

-상략-

그 결과 지난 5월 12일 국도 38호 이원~대산 간 교량이 국도 승격이란 대업적을 만들어 냈다. 그는 또 이 같은 업적은 6만 3천 태안군민이 성원이 있었기에 가능했다면서 군민들에게 감사인사를 아끼지 않았다.

이와 함께 지난 4월 22일 제4차 국가철도망 구축계획에 태안~예산 내포철도 사업이 추가 검토 노선으로 반영된 성과도 괄목할 만하다. 특히 서해의 독도 격렬비열도 국가관리 연안항 예비지정에 이어 해수부에서 용역 착수 등 행정절차에 들어가 국가연안항 지정에도 청신호가 켜진 상태다.

–국책사업 11개 사업 상위계획 반영 성과, 대규모 해상풍력단지 개발 순항중, 2023년 완공목표로 해양치유센터 오는 11월 착공

가 군수는 제5차 국토종합계획(2019.12.)에 대형 국책사업인 '국도38호선 태안 연장'을 비롯해 태안~세종 고속도로, 태안~예산 내포철도, 가로림만 국가해양공원 조성, 부남호 생태복원, 스마트하이웨이(목포~보령~태안~개성) 구축, 유교문화권 사업, 안흥성 복원 등 내포문화권 활성화, 해양헬스케어 거점산업, 스마트 관광서비스, 스마트팜 및 스마트빌리지 조성 등 11개 사업을 반영시키는 성

과를 거뒀다.

특히 가 군수는 태안화력 1~6호기가 2025년부터 2032년까지 단계적으로 폐쇄됨에 따라 대체에너지 사업으로 민자 2조 6,000억 원을 투자하는 해상풍력 발전단지 조성 사업을 야심차게 추진 중에 있다. 풍력단지가 조성되면 연간 약 40만 가구가 사용이 가능한 전력량인 131만4천mwh를 생산하게 된다.

모항항에서 바다로 25km 떨어진 지점에 8mw 용량의 63기를 설치한다는 계획이다. 한편 지난 5월 43억 원 규모의 해상풍력단지 개발지원 공모사업에 선정돼 사업이 순조롭게 진행될 예정이다.

그는 또 독일과 MOU를 체결하고 고려대학교 산학단과 함께 피트와 염지하수 등 태안만의 특화자원을 활용해 태안 해양치유센터를 조성하고 있다. 태안 미래의 핵심동력이 될 이 사업은 지하1층,

지상2층, 연면적 8570㎡ 규모로 국비 포함 340억 원을 들여 2023년 완공목표로 오는 11월 착공한다는 계획이다.

그는 또 지난 2월 드론 특별자유화구역에 태안UV랜드가 선정됨에 따라 태안UV랜드 조성사업에도 박차를 가하고 있다. 특별자유화구역은 드론 기체의 안전성을 사전에 검증하는 각종 규제가 면제돼 관련 기관과 기업의 유치에 훨씬 수월해짐에 따라 군민들은 지역발전에 기대감을 모으고 있다.

95억 원이 투입되는 UV랜드 조성사업은 오는 11월 완공 예정으로 이 사업이 마무리되면 태안군은 K-드론 산업의 중심지를 부각될 것으로 보인다.

-도내 최대 노인일자리 사업 및 군민 복리증진 도모, 역사문화관광 거점 도시 태안 조성

가 군수는 올해 충남도내에서 가장 많은 126억 원의 노인일자리 사업 예산을 확보해 노인복지 향상에 힘쓰는 한편 어르신 돌봄센터 건립 추진과 노인돌봄 지원 및 안전망 강화, 육아지원거점센터(아이키움터) 신축, 가족복합커뮤니티센터 건립 등을 통해 군민 복리 증진에 앞장서고 있다.

그는 낙후된 태안의 도심을 "서울은 아니지만 서울보다 더 좋게" 새롭게 바꾸기 위해 도비 포함 총 45억 원을 들여 '생태문화 샘골 도시공원 조성사업'을 추진하고 동서시장 일원화 사업 준공, 태안읍 중앙로 광장 조성과 태안여고 앞 광장 로터리 개선사업 등을 통해 지역경제 활성화 및 정주여건 개선에 박차를 가하고 있다.

가 군수는 문화재 관리에도 관심을 쏟고 있다. 우선 태안읍성 복원 사업이 대표적이다. 태안읍성은 약 600년전 축성된 것으로 일제강점기에 훼손돼 현재 동쪽 144m만 남아있는 상태다. 발굴조사과정에서 태안읍성의 가치가 새롭게 발견되어 복원의 필요성이 더욱 커졌다.

태안읍성 복원과 함께 인근에 경이정과 목애당, 근민당, 동학농민혁명기념관과 연계한 역사문화가 숨 쉬는 관광가치 거점도시로 부각시킨다는 것이 그의 계획이다. 게다가 신두리 해안사구는 2031년까지 약 300억 원을 들여 체계적으로 관리하고 국가사적 560호 안흥진성 복원과 국보 307호인 동문리 마애삼존불상입상도 보존에 힘쓸 계획이라고 밝혔다.

–전국 최초 이장 직선제 시행, 대규모 공동묘지 정비사업 추진, 전국 최초 농수산물 통합 로컬푸드 직매장 운영, 태안군 사상 최대 농업예산 746억 원 편성 지원, 가 군수 "코로나19와 지역경제 회복에 힘쓸 터", "태안군민의 공복으로 군민을 섬기겠다"

전국 최초로 이장직선제를 시행하고 대규모 공동묘지 정비사업을 추진함으로써 태안의 정주여건 개선과 군민의 삶의 질 향상에도 크게 기여했다는 평가다. 또한 기초자치단체로는 처음으로 서울대와 인공지능집적단지 조성을 위한 협약을 체결했으며 전국 최초 농수산물 통합 로컬푸드 직매장 운영과 태안읍 생활폐기물 수집운반 운영직영 전환 등도 큰 성과로 꼽힌다.

이와 함께 인허가, 등록, 신고 등의 민원업무를 전담하는 신속민원처리과를 신설 운영해 원스톱민원 창구 우수기관 대통령 기관 표창을 받기도 했다. 특히 가 군수는 올해 전체 예산의 12%인 749억 원을 농업 예산으로 편성해 태안군 사상 최대 농업 예산으로 농업 발전에 앞장서고 있다. 코로나19로 인해 긴축재정을 운영해야 하는 상황에서 농업예산을 대폭 증액한 것은 농업발전에 대한 가 군수의 확고한 의지를 보여준다.

　-하략-

출처 : 충청뉴스 최형순 기자 2021.6

뻗어나가는 태안

바쁜 이틀을 보냈습니다
어제는 양승조 도지사님의 우리군 방문이 있었습니다

국도 38호선 구간을 연장하고
가로림만 해상교량을 건설하여
교통망을 확충하는 것은
우리 군민들의 오랜 숙원입니다

부남호 역간척으로 생태계를 복원하고
마리나항을 조성하는 것도 중요합니다

우리군은 충청남도와
해양생태관광 거점도시로 도약하기 위한
정책협약을 맺었습니다

가로림만 해상교량 건설,
부남호 역간척 사업의 차질없는 추진으로
태안이 전국을 대표하는
해양생태관광 거점도시가 되기를 기대합니다

국가균형발전위원회 위원들과 조찬 모임도 가졌습니다

태안은 충청남도에서 유일하게
고속도로가 없는 곳입니다
고속도로와 철도 모두 없는 지역은
전국에 단 두 곳밖에 없습니다

태안의 교통 인프라 확충을 위해서는
서해안 고속도로 연장
철도망 연장 등이
절실한 상황입니다

이외에도

해양지정학적 요충지인
격렬비열도 국가관리 연안항 지정,
국가균형발전을 위한
해양·항공레저 클러스트 복합단지 조성,
천혜의 자연환경 및 관광자원을 보유한
천수만권 롱비치 사구
둘레길 조성 등에 대해
건의하고 돌아왔습니다

전국으로, 세계로

태안이 뻗어나가는 그날까지

최선을 다하겠습니다

가세로 태안군수, "태안~당진 고속도로 개설" 청와대 건의

가세로 태안군수가 8일 정부서울청사 대강당에서 열린 전국 시장·군수·구청장 초청 '국정 운영방향 및 국정현안 설명회'에서 태안~당진 고속도로 개설을 건의했다.

태안~당진 고속도로가 개설될 경우, 충남 서북부 지역의 균형개발을 유도하고 남북축의 서해안고속도로 기능을 동서 간으로 확장해 서해안 전 지역(경기~충청~전라)의 광역적 연계발전이 가능하게 된다.

이를 위해 가 군수는 '태안~당진 고속도로' 사업을 국가도로정비계획에 반영해 줄 것과 고속도로의 조기건설 지원을 요청했다.

이와 함께 가 군수는 '수도권전철(서해선) 태안군 연장'도 함께 건

의했다. '수도권 전철 태안군 연장'은 충남 내포신도시~서산공항 ~서산~태안을 잇는 연장 64.5km의 복선전철로 동서를 가로지르는 광역교통망 구축으로 국가 균형발전을 도모하기 위한 사업으로, 태안 신진항과 서산공항을 철도로 이어 광역교통망을 구축해 서해 복합물류 기반을 구축하고, 대중국 물류량 증가에 따른 한·중 해저터널의 건립 필요성이 제기될 경우 중국과 최단거리에 위치해 있는 신진항과의 연계 중요성이 커지기 때문에 그 활용가치가 매우 높다.

가 군수는 '수도권 전철 태안군 연장'으로 획기적인 교통편익과 균형발전을 통해 지역경제 활성화가 가능해질 것으로 보고 해당 사업을 제4차 국가철도망 구축계획에 반영해 달라고 요청했다.

한편 이날 국정설명회를 마친 후 청와대 영빈관에서 대통령과 시장·군수·구청장과 오찬을 함께한 가 군수는 청와대 관계자에게도 태안~당진 고속도로 개설 등을 적극 건의했다.

가세로 군수는 "국가 균형발전과 지방소멸 위기 해소에 정부가 적극 나서달라"며 "태안~당진 고속도로 개설과 수도권 전철 태안군 연장 사업으로 취약한 교통문제를 해결하고 접근성 강화를 통해 태안의 잠재력을 극대화시켜 지역경제활성화를 이룰 수 있도록 앞으로 적극적으로 나서겠다"고 밝혔다.

이날 국정현안 설명회는 경제부총리, 사회부총리, 행안부장관, 청와대 관계자, 시장·군수·구청장 226명이 참석했다.

출처 : 충청뉴스 최현순 기자 2021.3

발돋움하는 태안

나의 고향 가로림 바다

가로림 바닷가
눈발이 날린다

태어나 베고 잠든 어머니의 무릎엔
언제나 파도소리가 있었다

나는
갯내음이 온몸에 스며들어
씻어도 씻어도
가셔지지 않는 바닷가 소년이었다

유년을 지나
반평생 객지를 휘휘 돌아
반백으로 돌아온 내게

가로림은
울먹임이며 눈물이었다

바다가 보여주는 갯벌은
축축하게 젖은 적삼 속 어머님의 젖무덤처럼

넉넉하며 보드럽다

나를 키워낸 것은
가로림 바다의
갯내 진한 갯바람이요

저만큼 홀로 서 있는
농바위를
한바퀴 돌아온 뭉게구름이며
겨울날 눈발 속에
피어오른 저녁연기

더디게 오를 때면
으레이 주린 배 움켜쥐고
뛰어가는 날들이었다.

가세로 태안군수,
2021년 위기를 기회로! 신성장 동력사업 본격 추진

광개토 대사업 지속 추진,
그린수소 생산-공급 개발단지 조성,
인공지능융합산업진흥원 조성 등 10대 역점사업 추진

　"2021년은 태안만의 차별화된 색깔로 해양의 다원적 가치를 활용, 해양 신산업을 육성해 태안이 '환황해권 해양경제의 중심 , 신해양 거점도시'로 발돋움할 수 있도록 최선을 하겠습니다!"

　가세로 태안군수가 6일 군청 중회의실에서 신년 기자회견을 열고 2021년 군정방향에 대한 비전을 제시했다 .

　가 군수는 "지난 한 해 코로나 19 로 힘든 상황 속에서도 군민 여러분의 관심과 성원 덕분에 태안 역사상 최초로 50년 숙원 사업인 '국도 38호 이원 -대산 연륙교 건설'과 '국지도 96호선 두야 -신진 4차로 확포장 사업'이 국가 상위계획인 제5차 국도·국지도 건설 5개년 계획에 반영됐다"며 이와 함께 '격렬비열도 국가관리연안항 예비지정', '안흥진성 국가문화재 승격 ', '전국 최초 지자체 -서울대 협약 체결' 등 많은 성과들을 올렸다고 말했다 .

이날 기자회견에서 가세로 태안군수는 '군민과 함께하는 환황해권 해양경제의 중심축, 신해양도시 태안'이라는 비전과 '해양의 다원적 가치를 활용한 태안의 지속 가능한 발전기반 구축'이라는 군정 목표를 밝혔다.

이와 함께, 2021년 역점시책을 △미래를 선도하는 지속발전이 가능한 신해양 도시 (미래성장기반 분야) △자연과 휴양에 가치를 더하는 즐거운 문화관광 도시 (관광문화 분야) △함께하는 사회, 모두가 잘사는 따뜻한 복지 도시 (복지,보건,안전 분야) △누구나 살고 싶고 살기 좋은 행복한 활력 도시 (주거, 지역경제 분야) △차별화된 기반을 통한 경쟁력 있는 농수산업 도시 (농어업 분야) △군민과 신뢰를 바탕으로 한 양방향 스마트 행정 도시 (소통행정 분야) 등 6대 분야로 분류, 사업 추진에 총력을 다한다는 방침이다.

-하략-

출처 : 서해 타임즈 이현철 기자 2021-01

오늘! 취임 3년

새벽 4시!

내 차를 운전하고
시내로 나간다

임기시작 3년!
미화원들과 함께
쓰레기를 수거한다

이번에는 생활쓰레기다
그동안 수고해준 직원들과
태안의 앞날을 토론해 본다

광개토 대사업!
언론브리핑을 통해 생산적인
대안을 찾는다

그리고

어르신들과

간담회를 갖는다

내일의 태안을 그려본다
강한 태안을 지향한다!

태안읍 생활폐기물 청소용역, 군 직영 전환하다!

"참 어려운 선택, 오로지 군민만을 생각하고 정책을 결정"

우리 군은 현재로부터 21년 전인 1999년 초대군수 당시 관내 8개 읍면 중에서 유일하게 태안읍 지역만을 대상으로 생활폐기물 수집·운반 업무를 민간대행업체에 맡기기로 결정하고 한 개의 업체와 청소대행 계약을 체결한다. 최초 청소대행 용역이 완료된 후에도 해마다 새로운 계약기간(1년)을 정해 민간업체와 청소 대행계약을 체결해 왔다.

생활폐기물 청소용역의 속사정을 살펴보니, 환경부의 원가계산 산정방법에 관한 규정에 따라 전문학술 연구용역기관을 통해 원가를 산정하고, 대행업무에 필요한 인건비와 청소차량 신규 구입 또는 민간업체에서 차량을 교체 구입할 경우에는 감가상각비를 보전해 주고, 청소차량 운영에 소요되는 유류비 및 수선유지비 등 일체 경비와 청소 용구 구입비, 차고지 임차비, 사무실 운영 등 제경비와 일반관리비 및 이윤 등을 포함하여 모든 비용을 태안군에서 부담하고 있었다.

태안군 8개 읍면 중에서 생활폐기물이 다량으로 발생하는 소재지 지역이고 1989년 복군된 지 3년밖에 지나지 않은 당시의 시점에서는 민간업체에 위탁하는 것이 불가피한 선택이었을지 모르지만, 강산이 두 번 바뀐 시점에서 공공기관의 비정규직의 정규직 전환을 통한 고용안정을 추구하는 정부정책의 시대적 흐름에 부합하고, 직영과 민간위탁의 혼재에 따른 행정 비효율적인 요소를 해소하는 방안으로 태안군 직영을 심각하게 고민하지 않을 수 없었다.

'18. 7. 1. 군수 취임 후 태안군 직영으로 전환코자 하였으나 '17년에는 매년 1년마다 재계약했던 관행을 벗어나 유독 그해는 3년으로 계약해 놓은 상태였기 때문에 3년이 되는 '20년 12월 31일까지 기다릴 수밖에 없었다. 엄청난 로비와 주위의 압력이 있었으나 이를 배척하고 과감하게 태안군 직영을 한 결과 태안읍 지역의 청소용역을 맡아준 민간업체와 계약을 종료하고 태안군 직영전환에 따른 변화된 여건과 효과에 대해 종합해 보면

① 직영 전환으로 수의계약에 따른 특혜의혹에서 군이 자유로워졌으며, 다수업체 입찰시 과도한 저가 경쟁 등 공공성 저하 요인이 말끔히 해소했다는 의견이 많았다.

② 위탁업체 고용인력 전원(24명)에 대한 공무직(정규직)으로 고용승계했고, 청소행정의 일원화를 통해 인력관리의 효율화에 기여했다는 평가가 많았다.

③ 민간위탁시 필연적으로 지급해야 할 간접노무비, 일반관리비, 이윤 등이 직접 운영으로 연간 5~6억원의 예산절감 효과가 계속해서 유지되는 잇점을 꼽지 않을 수 없다.

④ 절감된 예산으로 청소차량 2대를 추가 확보하여 외곽지역 청소 서비스를 주1회에서 주3회로 확대하고, 분리수거 장소도 13개소 확충 운영하는 등 청소행정 서비스 주민설문 결과 75% 이상 "긍정적"이다는 주민응답을 들 수 있다.

어렵고 험악한 여건에서도 군수의 뜻을 따라준 박태순 팀장 등 직원 여러분들이 더 없이 고맙다.

가세로 태안군수, 취임 3년차 태안비전 제시

가세로 태안군수가 7월 1일 군청 소회의실에서 '민선7기 3차년도 맞이 브리핑'을 통해 지난 2년간의 주요성과를 되짚어보는 시간을 갖고, 민선7기 후반기의 비전·전략·추진방향·역점과제를 제시했다.

민선7기의 괄목할만한 주요성과로 △광개토 대사업의 추진기반 구축(제5차 국토종합계획 이원-대산 간 연륙교 등 11개 현안사업 반영) 등 미래성장 동력 기반 강화 △최신 트렌드 반영 관광·문화 활성화(전망타워·영목항 나들목 사업 추진) △행복하고 안전한 도시 조성(백화·안면노인복지관 개관·65세 이상 어르신 버스요금 인하·육아지원거점센터 착공) 등과 함께 △정주여건 개선과 지역경제활성화(남문공영주차장 2층 주차시설·태안종합실내체육관 착공) △농어촌 활력을 위한 경쟁력 강화(학교급식지원센터 군 직영·로컬푸드 직매장 운영) △군민과 함께 소통과 화합의 군정(찾아가는 현장군수실·신속민원처리과 신설·금요야간민원실 운영) 등을 꼽았다.

이와 함께, 군은 지난 2년 간 원스톱민원창구 우수기관 대통령 표창 등 총 53개의 기관표창을 받은 바 있으며, 82건(예산 652억 원) 공모사업 선정과 2,475억 원의 정부예산을 확보해 지역현안 해결을 위한 기반을 마련했다.

가세로 군수는 "앞으로 지자체 발전의 명운은 포스트코로나 시대를 어떻게 준비하느냐에 달려있다"며 "피할 수 없다면 위기를 정면으로 돌파해 나갈 것이며 나아가 위기를 기회로 만들어가겠다"는 포부를 밝히며, 민선7기 후반기 비전으로 '환황해권 해양경제의 중심

축! 신(新)해양도시 태안으로 더 큰 도약'이라는 비전을 제시했다.

이와 함께, 5대 군정 중점 전략 추진으로 신해양도시로서의 도약 기반을 마련하겠다는 방침이다.

더불어, 만리포를 중심으로 한 서핑클러스터 조성·해수욕장 특성 화·해양레저스포츠대회유치·상생형 어촌체험마을 조성 등 해양레포츠를 중심으로 하는 해양관광도시 건설과 함께, 부남호 하구복원·가로림만 해양정원 조성·마리나 산업·굴포운하 복원 등을 통해 해양환경·생태기반을 구축, 대표적 해양생태도시로 만들어간다는 방침이다.

또한, 스마트 양식어업·수산물 거점유통센터 설립·지역 수산물 육성·어촌특화 및 귀어귀촌 인큐베이터 조성 등을 통한 고부가가치 수산업 진흥으로 수산산업도시를 조성하는 한편, 주변 해양도시와의

포용·협력, 대중국 수산업 교류, 세계 어업유산 등재 추진, 해양 역사·문화자원의 복원, 국외 전략적 교류와 국제해양도시 브랜드 강화 등을 통해 환황해권 중심의 역할을 강화한 해양교류도시로 발돋움하겠다는 계획이다.

가세로 군수는 "민선7기 전반기가 군정의 밑그림을 그리는 과정이었다면 후반기는 그 안을 채워넣는 작업에 주력해 좋은 결실을 맺도록 할 것"이라며 "다시 한 번 신발 끈을 조여매고 태안이 신해양도시로서 환황해권의 중심축으로 우뚝 설 수 있도록 전략적 군정 운영에 최선을 다하겠다"고 말했다.

출처 : 브레이크 뉴스 김정환 기자 2020. 7

III. 발돋움하는 태안 115

가까워진 가의도

2019년도 해수부 어촌
뉴딜 300 사업에 선정되어
선착장 확장
주거환경 개선
시설 보강등으로 새롭게 변하였다

섬생활의 불편함을 보완 개선키 위한 사업으로
충남 1호로 준공식을 갖게 되었다

중국사신 가의가 심었다는 은행나무 옆에
"가의정"
정자의 현판식도 가졌다

가의도는
우리 태안의 아름다운 섬이다.

가세로 태안군수,
"환황해권 해양경제 중심축, '강한 도시 태안' 만들 것"

가 군수, 1일 민선7기 4차년도 맞아 군정브리핑 가져이원 대산 바닷
길 국도 승격, 격렬비열도 국가관리 연안항 예비지정, 안흥진성 국가
사적 지정 등 괄목할 만한 성과 거둬

'날자 새태안이여, 더 잘사는 내일로!'라는 군정 목표 아래 쉼 없
이 달려온 민선7기 가세로 태안군수가 4차년도를 맞이했다.군은 1
일 군청 중회의실에서 '민선7기 4차년도 맞이 군정브리핑'을 개최
해 지난 3년 간의 주요 성과를 되짚어보고 후반기 군정의 비전과 역
점과제 등을 밝혔다.

이날 브리핑에 따르면, 군은 '광개토 대사업'의 기반 구축에 힘써
제5차 국토종합계획에 태안-세종 고속도로 등 총 11개 사업을 반
영시키고 특히 올해 국도 38호 이원-대산 간 구간이 국도로 승격되

는 쾌거를 거뒀다.

　이와 함께, 2021년 제2단계 제1기 지역균형발전사업에 7개 사업이 확정돼 582억 원의 사업비를 확보했으며 제4차 충청남도 종합계획에도 26건의 지역 현안 사업이 대거 반영됐다.

　또한, '서해의 독도' 격렬비열도가 국가관리 연안항으로 예비지정되고 기초자치단체로는 처음으로 서울대와 인공지능집적단지 조성을 위한 협약을 체결하는 등 굵직한 성과들을 이뤄냈다.

　문화관광 분야에서는 철저한 코로나19 차단 방역을 한 가운데 5년 연속 연간 1천만 명 이상의 관광객이 꾸준히 태안을 찾았다.

　군은 새로운 볼거리 확대를 위해 만리포 전망타워, 뭍닭섬 탐방로 등 특색있는 랜드마크 조성을 완료하고 영목항 나들목 해양관광거점, 꽃지 전면부 해안공원 정비사업 등은 적극 추진하고 있다.

　- 하략

-출처 : 쿠키뉴스 한상욱 기자 2021. 7.

꿈에서도 태안! 태안!

들녘의 누런 색깔이 점차 줄어든다
코스모스도 찬바람에 사그라진다

건듯하면 금요일
이렇게 휩쓸려 가도 되나
참 빠르다
뒤 볼 여유가 없다

자기를 내려놓는 겸손함 잊지말자
오직
태안과
태안군민을 위해

그리고
광개토 태안을 위해
계성과 마제속에 뛰는 것이다

광야를 달린다

우리 태안의 산하를
뛰고

또 달린다

질풍노도의 바다에 돛대를 올려
힘차게 나간다

가자
반도를 뛰어넘어 대륙으로
서해로 둥둥 북을 울린다

날자 새태안이여!
더 잘사는 내일로!

가세로 태안군수 "군민 보호하고 지방소멸 대응"

6946억 규모 2022년도 예산안 관련 시정연설…
"이원~대산 연륙교 건설" 의지

가세로 태안군수는 25일 "감염병 위험으로부터 군민을 안전하게 보호하고, 가족 친화형 사회기반 조성과 지방소멸 대응 전략과제 추진, 문화관광 서비스 기반 구축, 역동적인 산업생태계 조성 등 경제 활력화에 방점을 두고 군정 역량을 결집해 나가겠다"고 말했다.

가 군수는 이날 6,946억 원 규모의 2022년도 예산안 제출에 따른 군의회 시정연설에서 "임오년은 코로나시대 일상회복과 경제활성화를 위해 가장 중요한 해"라며 이같이 강조했다.

가 군수는 먼저 "태안화력 단계별 폐쇄에 따른 대안산업 발굴과

탄소중립, 디지털 전환에 따른 미래형 경제구조로의 전환을 주도하겠다"며 "농어민과 소상공인에 활력을 불어 넣고 정부의 뉴딜 정책 등을 폭넓게 수렴해 체계적으로 대응해 나가겠다"고 말했다.

이어 내년도 중점 과제와 관련 "미래 성장을 주도하는 '더 강한 태안'을 만들겠다"며 사통팔달 교통망 확충을 골자로 한 광개토대사업에 대한 지속 추진 의지를 분명히 했다.

구체적으로는 이원~대산 간 연륙교(가로림만 해상교량) 건설의 대선공약 반영과 태안고속도로 정부계획 관철, 국도 77호선 안면~고남 및 지방도 603호선 4차로 확장사업 등에 대한 조기 착공을 약속했다.

가 군수는 해상풍력발전단지와 관련 "민관 추진협의체를 통해 주민 수용성을 높이겠다"며 "배후 부품 산업단지 조성과 송전선로 확

보 등 관련 인프라 구축 사업을 심도 있게 추진하겠다"고 말했다.

가 군수는 도심항공교통(UAM)과 관련 "태안 UV랜드와 한서대 비행장, 태안기업도시에 유리한 상황을 연계, 충남도와 긴밀히 협력해 관련 연구단지 등을 유치하도록 하겠다"며 "국립농산물품질관리원 태안분소를 사업소로 승격시키고, 한국농어촌공사 태안지사를 새로운 타깃으로 삼아 유치에 나서겠다"고 강조했다.

다음으로 가 군수는 "트렌드를 앞서는 즐거운 태안을 만들겠다"며 새로운 상징 조형물 조성과 몽산포 전망대 2단계 사업 추진, 고남패총박물관 새 단장, 백화산 자연휴양림 조성 등을 주요 과제로 제시했다.

이밖에 "모두를 배려하는 '따뜻한 태안'을 만들겠다"며 읍·면 별 어르신 놀이터와 치매 어르신 돌봄센터, 전국 최고의 노인 일자리 사업, 공설영묘전 봉안당 확충 등을 약속했다.

가 군수는 "군민의 작은 바람과 가르침도 가벼이 여기지 않고, 겸손하고 낮은 자세로 '군민의 희망에 반드시 응답하는 군정'을 이끌겠다"며 "2022년 군정 목표와 주요 정책들이 순조롭게 추진, 반드시 달성될 수 있도록 큰 지지와 성원을 바란다"고 당부했다.

출처 : 굿모닝충청 김갑수 기자 2021.11.

태안바지락 보고 천수만 상벌

이른 아침부터 달려 나오십니다
안면도 18개 어촌계 어르신들이
천수만 상벌에서 바지락을 캡니다

바닷물에 잠겨있던 천수만 바다
한 가운데에 엄청난 모래톱이 드러납니다
모래톱 양쪽으로
바지락 밭이 펼쳐있고
많은 분들이 바지락 작업을 하십니다

이곳 상벌바지락은
알이 굵고 속이 꽉 차
다른지역 것보다 가격도 비할 수 없을만큼
월등히 비싼 가격에 거래됩니다

우리모두
소중히 가꾸고 보존해야 할 곳입니다
휴일임에도
함께 해주신 18개 어촌계 협의회
양진묵 회장님과 문정식 안면 조합장님 등

아울러 여러분께 고마운 말씀드립니다

그리고 코로나19로
고단한 일상을 보내시는
어르신들의 건강을 기원드립니다.

안면도 바지락 캐기

이른 아침부터
물 속에 잠겨있는
모래톱 바지락 채취장
"수풀"에
각 마을마다 많은 분들이 나오신다

뱃길만 허용되니
수십 척의 배들이 몰려온다

안면바지락은
품질이 높아 인기리에 판매되고 있다

마을마다 좋은 장소를 선점하려
한곳으로 몰려든다
선상에서 인사드리니
어르신들께서 더욱 반갑다 하신다

고단한 일상을 보내시는
그분들을 위해
응원의 말씀을 드린다.

123만 명 새까만 바다에 몸던졌더니…'명품 굴꽃'이 피더라

14년 전 최악의 재난 속 피어난 '굴꽃'

　바다는 온통 기름 덩어리였다. 주민들은 시커먼 기름 파도를 보며 망연자실해 했다. 하지만 좌절하지 않았다. 수건·양동이 등 닥치는 대로 들고 바다로 나섰다. 전국에서 수많은 사람이 달려와 기름을 걷어냈다.

　전 국민적인 노력 덕분에 바다는 빠른 속도로 과거 청정함과 푸르름을 되찾았다. 겨울철 별미인 굴을 비롯해 태안반도 수산물도 돌아와 국민에게 다시 사랑받고 있다. 14년 전 사상 최악의 기름유출 피해를 말끔히 씻어낸 충남 태안 앞바다 이야기다.

세계기록유산 등재를 위한

태안 유류피해 극복과정 공유 국제 컨퍼런스

International Conference on Sharing Taean Oil Damage Overcoming Process for Memory of the World

2020. 12. 7.(월) 14:40

주최_　　　　　　　　　　　　　산학협력단

지난 13일 오전 11시 태안군 소원면 파도리. 어민 정종배(76) 씨가 설치한 비닐하우스에 들어서자 산더미처럼 쌓인 굴이 눈에 들어왔다. 동네 어르신들은 정씨가 전날 파도리 앞바다에서 채취해온 굴을 까고 있었다. 굴 까는 도구인 '조새'로 굴껍데기 모서리를 쫄 때마다 유백색의 통통한 굴이 모습을 드러냈다.

주민 문숙희(66) 씨는 "기자 양반, 굴 좀 드셔"라며 권했다. 굴을 입에 넣자 특유의 향기가 입안 가득 퍼졌다. 정씨는 "기름 사고가 난 뒤 6~7년 동안 굴이 생산되지 않았다"며 "하지만 지금은 예전 푸른 바다를 완전히 되찾았고, 굴 수확량도 사고 이전보다 더 많아졌다"고 말했다.

'겨울철 별미' 태안 굴 생산 한창

태안군은 요즘 소원면을 포함해 원북·이원·근흥면, 안면읍 등 해안 전역에서 굴 수확이 한창이다. 대부분 자연산인 태안산 굴은 겨울철 별미로 전국적인 사랑을 받고 있다. 태안군 고현정 수산산업팀장은 "태안산 굴은 어민들이 택배 등으로 개별적으로 판매하기 때문에 어획량을 정확히 가늠하기는 어렵다"면서도 "기름 유출 사고 전보다 수확량은 물론이고 인기도 더 많아졌다"고 말했다.

-중략-

"유류피해극복기념관 연간 8만 명 찾아"

만리포해수욕장에는 국민이 땀과 눈물로 일궈낸 희망의 서사시를 기록한 유류피해극복기념관이 들어섰다. 기름 피해가 난지 10년 뒤인 2017년 6월 충남도가 문을 연 기념관은 지하 1층, 지상 2층(연면적 2624㎡) 규모다. 전시실·수장고·멀티룸·다목적 학습실 등으로 꾸몄다. 사업비는 총 104억 7500만 원이다.

기념관에는 방제복과 마스크를 착용하고 기름 범벅이 된 모래와 돌멩이를 닦아내는 모습을 형상화한 조형물이 있다. 유류피해극복 기념관 윤성희 학예연구사는 "코로나19 사태 전인 2019년 만에도 연간 8만 명이 찾는 지역 명소로 자리 잡았다"고 말했다.

　－ 하략 －

출처 : 중앙일보 김방현 기자 2021. 12

겨울바다 한나절

푹하다 하나 손 끝이 아리다
저수온현상이 걱정되어
천수만 가두리 현장을 찾아온
문성혁 해수부 장관님이 고맙다

우리 태안 격렬비열도에
국가관리 연안항을 지정해 주심에 감사드리며
어촌 뉴딜사업에 두 곳이나 지정해 주시니 거듭 고맙다

우리 태안은
바다와 어업의 비중이 매우 높은 곳이다

어족자원보존
역간척 해양치유
풍력발전등
모두 바다와 직결된 것이기 때문이다.

20억 원에 중국 넘어갈 뻔한 '서해의 독도', 항구 들어선다

"우리나라 중서부 해역 최끝단 도서인 격렬비열도를 국가관리연안항으로 예비 지정한다.

"17일 해양수산부가 발표한 '2030 항만정책 방향 및 추진전략' 중에는 이처럼 눈에 띄는 대목이 있었습니다. 문성혁 해수부 장관이 직접 나서 발표한 이 계획은 해양수산분야 인프라 구축의 중요한 축입니다. 부산항 제2신항의 착공 시기를 2022년으로 확정하고, 향후 완전 자동화를 추진한다는 등의 중요한 내용들이 포함돼 있습니다.

그런데도 이 부분이 눈에 띄는 이유는 격렬비열도가 '서해의 독도'라는 별명으로 불릴 정도로 영토 및 해양주권 수호 차원에서 중요한 위치에 있고, 그간 중국에게 매각될 뻔 하는 등 여러 차례 수모를 겪었기 때문입니다. 이번 결정으로 격렬비열도는 항구 시설이 설치되는 등 국가의 관리를 본격적으로 받을 수 있게 됐습니다. 강렬한 인상을 주는 이름을 비롯해 격렬비열도를 둘러싼 사실들을 정리했습니다.

"격렬비열도, '격렬하게 비열한 섬' 아냐"

격렬비열도라는 이름은 한 번 들으면 좀처럼 잊혀지지 않습니다. 마치 '격렬하게 비열하다'는 뜻이나 무협지에 나오는 보물 혹은 기술 이름처럼 들리기 때문입니다.

하지만 격렬비열도의 한자어(格列飛列島)를 뜯어보면 사실 이 섬 이름은 격렬+비열+도가 아닌 격렬비+열도라는 것을 알 수 있습니다. 이런 이름은 세 개 섬(북격렬비도, 동격렬비도, 서격렬비도)으로

구성돼 있는 모습이 마치 세마리 새가 날아가는 듯하다고 해서 붙었습니다.

출처 : 한국경제 성수영 기자 2020 11

동양일보

2020년 11월 18일 (수)
02면 종합

태안 격렬비열도 '국가관리항' 된다

해양수산부 '2030 항만정책 방향·추진 전략' 포함

지리·군사적 요충지, 중국 불법조업 성행… 관리 필요

국토 서쪽 끝 섬인 격렬비열도가 국가관리 연안항으로 지정돼 국가 차원의 해양영토 개발과 관리가 이뤄질 전망이다.

충남도는 격렬비열도를 국가관리 연안항으로 예비 지정하는 계획이 해양수산부의 '2030 항만정책 방향 및 추진 전략'에 포함됐다고 17일 밝혔다.

전국 60개 항만에 대한 향후 10년 동안 정책 방향이 담기는 '4차 국가 항만기본계획'에도 격렬비열도를 국가관리 연안항으로 지정하겠다는 내용이 반영됐다.

도는 해수부가 타당성 조사와 항만법 시행령 개정 등을 거쳐 이르면 2022년 격렬비열도를 국가관리 연안항으로 지정할 것으로 내다보고 있다.

격렬비열도가 국가관리 연안

기상 악화 등 유사시에 선박의 대피를 주요 목적으로 하는 항만으로 신속한 접안시설 확충을 위해 국가가 직접 나서게 된다.

대형 함정 부두가 건설돼 해양경찰의 불법조업 감시와 단속도 한결 수월해진다.

격렬비열도의 국가관리항 소식이 알려지자 태안군은 즉각 환영입장을 밝혔다.

태안군은 가세로 군수가 지난 2018년 취임 직후부터 해양주권과 해양영토 수호를 위해 '격렬비열도의 국가관리연안항 지정이 반드시 필요하다'고 강조했고, 국회 정책토론회와 국가매입 및 국가항 지정 공동의견서 등을 통해 국가관리항 지정에 노력해 왔다고 설명했다.

가 군수는 "이번 발표를 통해 격렬비열도의 국가관리항 지정

끝까지 최선을 다하겠다"고 말했다.

격렬비열도는 지리·군사적 요충지이자, 주변 해역은 수산자원이 풍부해 생태·환경적 가치가 높다는 평가를 받고 있다.

그만큼 중국어선의 불법조업

까지 피항했다가 복귀하는 과정에서 해상치안 공백이 발생하기도 한다.

새가 열을 지어 날아가는 모양에서 이름 붙은 격렬비열도는 동·서·북격렬비도 3개의 섬으로 이뤄진다.

'서해의 독도'로 불리는 충남 태안 격렬비열도.

2014년에는 중국인들이 서격렬비도 매입을 시도하기도 했다.

조원갑 충남도 해양수산국장은 "해수부도 격렬비열도의 전략적 가치를 잘 알고 있기 때문에 이번에 처음으로 '예비 지정'

산동성!
그리고
태안시!

세계 33개국이 참여하는 국제우호도시 합작발전포럼 차
우리 태안과 가장 가까운 산동성에 왔다

인구 1억 1천, 경제 중국 전체 3위,
우호도시 태안시 인구 560만
태산을 중심으로서 행정동 역사문화남 개발구!

유가위 산동성서기 공정 산동성장
장따오 태안시장 그들은 한결같이
진지 열정 겸손 친절했다

엄청난 국력 쭉쭉 뻗어나는
경제력이 놀랍다

포럼을 통해 우리 관광 태안의 바다를 알린다
섬 관광 해상풍력 등으로 가치를 더한다

느낌이 많다

세계 역사의 한 축에 서려면
개척하고 참여하며 배워야 한다

공자가 태산에 올라 천하가 좁은 줄을 알았다 한다.

가세로 태안군수, 중국산둥성 국제우호도시 합작발전대회참가

태안시와 우호교류협력 합의서 체결, 다양한 분야 실무협력 강화

-16일 중국 산둥성 제남시서, 33개 국가 113개 도시 800여 명 참가가세로 군수, 국제우호도시 단체장들과의 회담에서 군 우수 사업 사례 홍보중국 태안시와 우호교류협력 합의서 체결, 다양한 분야 실무협력 강화

가세로 태안군수가 '산둥 국제우호도시 합작발전대회'에 참가하며 국제교류 활성화에 적극 나섰다.

지난 16일 중국 산둥성 제남시 산둥빌딩에서 열린 이번 행사는 중국 전체 23개성 5개 자치구 중 국내총생산(GDP) 3위·인구 2위(1억 1천만 명)를 차지하고 있는 산둥성(山東省)이 '우호도시 40주년'을 기념해 성 내 16개 도시와 교류하고 있는 113개의 도시를 초청해 '심화합작 공동발전'이라는 주제로 협력을 도모하는 뜻 깊은 행사다.

33개 국가 800여 명이 모인 이날 행사에서 가세로 군수는 궁정(龔正) 산둥성 성장(省長)과 류자이(劉家義) 산둥성 당서기의 환영을 받으며 환담을 나눴다.

이날 가 군수는 국제우호도시 단체장 포럼에서 '인공지능과 스마트시티, 지역발전방향'을 주제로 △스마트팜 혁신 농업밸리 △스마트시티 통합 플랫폼 구축사업 △드론 활용 자치업무 추진 등 스마트시티 구현을 위해 군에서 진행 중인 사례들을 발표해 참가자들의 큰 관심을 끌었다.가세로 군수는 "점점 더 국제화되어 가고 있는 중

국의 상황을 이번 대회를 통해 직접 체감할 수 있었다"며 "대한민국 서해안의 중심이자, 세계로 뻗어나가는 태안을 만들기 위해 앞으로 군이 나아가야 할 방향을 다시금 생각해 볼 수 있는 소중한 시간이었다"고 말했다.

한편 군은 이날 오전 중국 태안시(시장 장타오, 張濤)와 우호교류 협력 합의서를 체결하고 우호도시 관계의 지속적인 발전과 두 지역의 공동번영에 힘쓰기로 했다.합의서에 따르면 양 도시는 정기적 상호방문으로 긴밀한 소통과 협조를 통해 지속적인 우호협력을 추진해 나가는 한편, 경제무역·문화·관광·교육·체육분야의 교류로 우호

도시 관계의 새로운 활력을 불어넣는다는 방침이다.구체적으로는
△경제무역 단체 및 기업 협력교류 강화 △투자유치 설명회 및 기업
경제무역 상담회 실시 △문화관광 자원 상호 홍보 △상대 도시로의
관광 적극 장려 △문화단체 및 여행사 간 협력교류 △도시 간 대학교
및 초·중등학교 자매결연 체결 등 교학·과학연구·학술 교류 협력강
화 △체육 분야 우호 교류 협력 등을 추진해 나가기로 했다.

　가세로 군수는 "두 도시는 강한 신뢰와 우정을 바탕으로 다양한
분야에서 서로 적극적으로 협력해 공동발전을 추구해 나갈 것"이라
며 "태안시의 웅장한 태산과 태안군의 아름다운 해변은 상호 간 잘
조화될 수 있는 상징성이 크며, 관광을 비롯한 다양한 분야에서 무
한한 교류 가능성이 있는 만큼 앞으로 더욱 활발한 교류를 통해 양
도시간의 발전에 힘쓰겠다"고 말했다.

이어 군 방문단은 17일 장타오(張濤, ZHANG TAO) 태안시장을 접견하고, 도시 기획전람관과 고신기술개발구 등을 방문했다.

한편 중국 산둥성 중부에 위치한 태안시는 7,762㎢ 면적에 약 564만여 명이 살고 있으며, 중국 5대 명산의 하나인 태산과 더불어 조래산 국가삼림공원, 연화산 풍경구 등 풍부한 관광자원을 보유해 연 6,900만 명의 관광객이 찾는 유명 관광지이다

출처 : 충청뉴스 문길진 기자 2019.10

태안의 문화와
역사

아! 안흥성

늦가을 성에 오른다
솔밭 사이 잡초를 밟고 푸른바다를 옆에 둔다

가슴이 뛴다
연신 짓누르며 언덕을 오른다

왜구가 침범하던 그 옛날
안흥 바닷가언덕 이곳에
충청도 내포 열여섯 고을 장정들의 함성이
모질게 불어대는 삭풍과 허기를 이겨내며
마침내 성은 이루어졌으리라

안흥성 동문!
무너진 홍예문!
축조에 참여했던 책임자 각자석!
성내 물골을 낸 수구석!
무너진 성곽!
눈물이 나온다.
부끄럽다

그들의 숭고함에 도리를 다 못하고 있다
이게 웬일인가!
출입이 통제된 국방시설 내에 있어 더 서글프다

이제는 되찾아야 한다
원형으로 되돌려야 한다
이대로는 더 이상 안 된다
이젠 우리 모두 안흥성을 사랑해야 한다

수군진성 중 가장 아름답다는 안흥성!
성곽의 보존과 관리는 전적으로 군수 책임이다
누구나 찾을 수 있는
가장 아름다운 안흥수군 진성으로 다시 탈바꿈시킬 것이다.
반드시!
기필코!

가세로 태안군수 "서해안 기틀 다진 3년, 신해양도시 완성"

태안 이원~서산 대산 바닷길 국도 승격안흥진성 국가사적 지정 등 성과 거둬

'날자 새 태안이여, 더 잘사는 내일로'라는 군정 목표 아래 쉼 없이 달려온 민선7기 가세로 태안군수가 4차년도를 맞이했다.

가 군수는 1일 군청 중회의실에서 '민선7기 4차년도 맞이 군정 브리핑'을 개최해 지난 3년 간의 주요 성과를 되짚어보고 후반기 군정의 비전과 역점과제 등을 밝혔다.

우선 '광개토 대사업'의 기반 구축에 힘써 제5차 국토종합계획에 태안~세종 고속도로 등 총 11개 사업을 반영시키고 특히 올해 국도 38호 이원~대산 간 구간이 국도로 승격되는 쾌거를 거뒀다.

　2021년 제2단계 제1기 지역균형발전사업에 7개 사업이 확정돼 582억 원의 사업비를 확보했으며 제4차 충청남도 종합계획에도 26건의 지역 현안 사업이 대거 반영됐다.

　또한, '서해의 독도' 격렬비열도가 국가관리연안항으로 예비 지정되고 기초자치단체로는 처음으로 서울대와 인공지능 집적단지 조성을 위한 협약을 체결하는 등 굵직한 성과들을 이뤄냈다.

　문화관광 분야에서는 철저한 코로나19 차단 방역을 한가운데 5년 연속 연간 1000만 명 이상의 관광객이 꾸준히 태안을 찾았다.

　군은 새로운 볼거리 확대를 위해 만리포 전망타워, 뭍닭섬 탐방로 등 특색있는 랜드마크 조성을 완료하고 영목항 나들목 해양관광거점, 꽃지 전면부 해안공원 정비사업 등은 적극 추진하고 있다.

　특히, 안흥진성이 국가사적으로 태안읍성이 도지정 문화재로 승격되는 쾌거를 이뤘으며 동학농민혁명기념관 및 옥파 이종일 선생 생가지 주변 정비 사업을 통해 역사와 문화가 공존하는 태안을 만들고 있다.

  – 하략

-출처 : 뉴스1 김태완 기자 2021 07.

충청투데이

"미래 백년 발전의 큰 획"

민선7기 3년-가세로 태안군수

이원~대산 국도 승격 등 성과 국가연안항 지정 등 사업 고삐

가세로 태안군수가 민선7기 취임 3주년을 맞았다.

가 군수는 1일 기자회견을 갖고 지난 3년을 태안군민과 함께 달려온 매우 행복하고 소중한 시간으로 태안의 미래 백년 발전의 큰 획을 그은 기간이었다고 회고했다.

그는 민선7기 군수로 취임 후 공약으로 광개토대사업을 내세우고 경제적 영토 확장에 나서 이원-대산 간 국도 승격과 국가철도망 구축계획에 태안-예산 내포철도 사업이 추가 검토 노선으로 반영된 성과도 괄목할만한 성과라고 밝혔다. 또 서해의 독도 격렬비열도 국가관리연안항 예비지정에 이어 해수부에서 용역 착수 등 행정절차에 들어가 국가연안항 지정에도 청신호가 켜졌다.

이어 '국도38호선 태안 연장'을 비롯, 태안-세종 고속도로, 태안-예산 내포철도, 가로림만 국가해양공원 조성 등 11개 사업을 반영시켰다.

군은 태안화력 1~6호기 단계적 폐쇄에 따라 대체에너지 사업으로 해상풍력 발전단지 조성 사업을 추진 중에 있다. 또 독일과 MOU를 체결하고 고려대학교 산학단과 함께 피트와 염지하수 등 태안 해양치유센터를 조성하고 있다. 지난 2월 드론 특별자유화구역에 태안 UV랜드가 선정됨에 따라 태안UV랜드 조성사업에도 박차를 가하고 있다.

가 군수는 "현재 코로나19 1차 백신접종이 전체 군민의 46%를 넘어섰으며 75세 이상의 경우 88% 접종을 마친 상태"라며 "코로나 사태 극복과 지역경제 회복에 행정력을 집중해 나갈 계획"이라고 말했다.

태안=박기명 기자 kmpark300@cctoday.co.kr

가슴이 뛴다
그 옛날
서해 안흥앞바다
물결은 거칠었다
난행량 언저리
왜구의 노략질과
도둑들로부터
사직과 백성을
지키려 했다

정든 가족들을 멀리하고
우리네 조상들이 모여 성을 쌓길 수년
이순신도 들려갔고
거북선도 진주해 있었다

숱한 세월이
그곳을 스쳐 지나며
문루가 무너지고
성곽이 흔들리며
붕괴되어 간다

안타깝다

이제 우리는 성을 보존해야 한다
정부는
국가지정문화재로 승격시켜야 할 것이고
군사지역으로부터 군민 품에 되돌려 드려야한다.

가세로 태안군수, 안흥진성 전면 개방 촉구

안흥진성 동문 주변 '프리존' 설정 필요

　가세로 태안군수가 김현모 문화재청장과 성일종 국회의원(국민의힘, 태안·서산)에게 안흥진성의 전면 개방을 건의했다.

　가 군수는 11일 김 청장과 성 의원이 안흥진성을 방문한 자리에서, 현재 국방과학연구소 소유로 출입이 금지된 안흥진성 동문 및 주변 성벽을 군민 모두가 자유롭게 출입해 관람할 수 있도록 개방해달라는 뜻을 강력히 전달했다.

이번 방문은 국방과학연구소 내 안흥진성 개방 요청과 관련해 성일종 국회의원이 문화재청장을 초청해 이뤄졌으며, 가세로 군수와 '안흥진성 및 태안3대대 토지반환 범군민회' 관계자 등 20여 명이 참석했다.

지난해 11월 국가사적 제560호로 지정된 안흥진성은 근흥면 정죽리에 위치해있으며, 서해안 방어를 위한 군사적 요충지로 역사적·경관적 가치가 매우 커 전 국민이 향유해야 할 국가적 문화유산으로 손꼽힌다.

그러나 총 1,798m의 성벽 중 777m가 국방과학연구소 내에 있어 성벽의 균열 등 심각한 훼손이 진행되고 있음에도 체계적 보존·관리가 쉽지 않은 상황이다.

이에 군은 지난 3월 각계각층의 인사가 참여한 범군민회를 구성하고 문화재청을 방문해 토지반환의 당위성을 알리는 한편, 대대적인 서명운동을 전개하고 충남 15개 시장·군수가 '사적 제560호 태안

안흥진성 및 태안 3대대 토지 반환 촉구 공동결의문'을 채택해 220만 도민의 염원을 알리는 등 지속적인 노력을 기울여왔다.

이날 가세로 군수는 안흥진성 동문 좌우로 '프리존'을 설정해 탐방객이 자유롭게 관람할 수 있도록 하고 우선적으로 동문 일원 철책을 전면 철거하는 방안을 제시했다.

가 군수는 "안흥진성 내 국방과학연구소 소유 토지가 군민 곁으로 돌아오면 안흥진성 전체에 대한 체계적 관리가 가능해지고 관광지원화를 통해 지역발전 및 주민소득 증대에도 기여하게 될 것"이라며 "안흥진성의 역사성과 현장성을 회복할 수 있도록 적극적인 협조를 당부드린다"고 말했다.

출처 : 디트NEWS24 최종암 기자 2021.08.

청조루에 오르다

태안의 진산
백화산자락에 청조루를 세우다

백화산은
파랑새가 깃들고
관음보살이 늘 계시는
상주처 관음성지라 일컬어지는 곳이다

일찌기 백화산의
백화는 관음보살을 나타내는 것이요

백화산은 단순히 산이 아니고
한반도 최초의 관음성지이다.

국보로 지정된
백화산의 마애삼존불은
우연히 그곳에 세워진 것이 아니다

얼마나
간절함이었을까

그 간절함으로
청조루를 세웠다
파랑새가 함께 하는 곳이다

그렇다
파랑새는
관음보살이 계시는 곳을 안내해주는 희망의 상징이다

관음보살과 파랑새
지극한 마음으로
백화산자락에 연못을 파고
태안의 융성함을 기원하면서
정자를 세우고
그 정자를 일러 청조루라 하였다.

가세로 태안군수,
주요사업장 찾아 집중 현장점검 "주민과의 소통 강화"

태안읍 중앙로 광장조성 등 57개소 대상, 군, 주요사업장 1차 점검 시작

가세로 태안군수가 지역 정주여건과 지역발전을 획기적으로 이끌 다양한 아이디어 발굴을 위해 주요사업장 점검에 본격 나섰다.

27일 태안군에 따르면 주요사업 57개소를 선정해 가세로 태안"군수를 비롯한 관련 부서장이 직접 사업장을 찾아가 주민과의 소통을 통한 현장행정을 펼친다.

이에 군은 지난 26일 태안읍 생태문화 샘골 도시공원, 태안여고 앞 교통광장 정비, 태안읍 중앙로 광장 조성, 태안기업도시 연결도로 개설, 한국타이어 주행시험로 조성 등 5개 사업장을 1차로 현장 점검했다.

1차 현장점검에 참여한 태안읍 한 주민은 "샘골 도시공원 청조루 인공 연못의 배수문턱을 냇물이 흐르듯 자연스럽게 조성했으면 좋겠다"고 의견을 냈다.

또 태안읍 중앙로 광장 조성 사업장에 참여한 태안읍 A씨는 "중앙광장 조성은 획기적으로 지역발전에 좋은 사업"이라며 환영의 뜻을 밝히고 "중앙로 광장이 시장이나 도로에서 주민들이 손쉽게 출입할 수 있도록 개방성을 높여 줬으면 한다"고 건의했다.

이에, 군 주민공동체과 최병구 과장은 "조감도의 구상안은 기본안이며 앞으로 주민들과의 사업설명회와 공청회를 통해 최적의 안을 만들어 개방성과 접근성을 높인 디자인으로 구현해 나가겠다"고 밝혔다.

가세로 군수는 "각 주요사업장에서 지역 주민들을 직접 만나 현장의 다양한 의견을 수렴해 사업의 내실을 기하고 주민 편의에 중점을 두고 사업을 추진하겠다"며 "앞으로 추가 현장점검을 통해 주요사업장 57개소를 전부 점검할 계획"이라고 밝혔다.

그는 또 "이번 현장방문을 통해 나온 문제점을 적극 보완하고 최적의 개선점을 마련해 모든 사업이 차질 없이 진행될 수 있도록 최선을 다하겠다"고 말했다. 태안 기업도시 연결도로(부남교) 공사는 교각을 8M 이상의 높이를 구현해 요트 등의 왕래가 가능하도록 하고 전체공정률 82% 진행되고 있는 한국 타이어 주행시험로 공사는 현대자동차 그룹에서 시설하는 드라이빙 익스피리언스 체험센터로 인해 지역경제 부양효과가 기대된다.

또한 가세로 군수는 깨끗한 생활 환경 조성을 위해 쓰레기 불법

투기 근절에도 적극 나섰다. 군은 쓰레기 불법투기 예방 강화를 위해 최근에 이동형 CCTV 20대를 추가로 설치했으며 노후화된 고정형 CCTV 12대를 다음달 중으로 교체한다.

군은 지난해까지 고정식 26개소와 이동식 25개소 등 총 51개소에 불법투기 감시 CCTV를 설치해 단속을 실시하고 있다.

군은 좁은 촬영반경, 사각지대 발생, 불법투기자 식별 어려움 등이 있는 고정식 CCTV 대신 적은 비용으로 다수 지역을 광범위하게 감시할 수 있는 이동식 CCTV를 확대 운영한다는 방침이다.

가세로 군수는 "이동형 CCTV로 생활쓰레기 배출장소 주변을 24시간 연속 촬영해 쓰레기 불법 투기를 예방할 계획"이라고 말했다.

출처 : 아주경제 태안 허희만 기자 2021. 4

금강일보

2021년 04월 28일 (수)
14면 지역

가세로 군수, 57개 주요사업장 돌며 현장소통

태안읍 샘골도시공원·중앙로 광장 조성 사업 등 방문

가세로 태안군수가 지역의 정주여건과 지역발전을 획기적으로 이끌 다양한 아이디어 발굴을 위해 주요사업장 집중 점검에 본격 나섰다.

군에 따르면 가세로 군수는 주요사업 57개소를 선정해 관련 부서장과 함께 사업장을 방문, 주민과의 소통에 나섰다.

가 군수는 실제로 지난 26일 태안읍 생태문화 샘골 도시공원, 태안여고 앞 교통광장 정비, 태안읍 중앙로 광장 조성, 태안 기업도시 연결도로 개설, 한국타이어 주행시험로 조성 등 5개 사업장 현장을 방문, 사업 추진성황을 점검했다.

이날 현장에서 가 군수를 만난 태안읍 한 주민은 "샘골 도시공원 청조부 인공 연못의 배수문턱을 냇물이 흐르듯 자연스럽게 조성했으면 좋겠다"고 의견을 제시했다.

또 태안읍 중앙로 광장 조성 사업장에 참여한 태안읍 A 씨는 "중앙광장 조성을

이나 도로에서 주민들이 손쉽게 출입할 수 있도록 개방성을 높여 줬으면 좋겠다"고 건의했다.

이에, 군 주민공동체과 최병구 과장은 "조감도의 구상안은 기본 안이며 앞으로 주민들과의 사업설명회와 공청회를 통해 최적의 계획안을 만들어 개방성과 접근성을 높여 나가겠다"고 말했다.

가세로 군수는 "각 주요사업장에서 지역 주민들을 직접 만나 현장의 다양한 의견을 수렴해 사업의 내실을 기하고 주민 편의에 중점을 두고 사업을 추진하겠다"며 "앞으로도 주요사업장 현장점검을 통해 꼼꼼하게 살펴볼 계획"이라고 말했다.

이어 "이번 현장방문을 통해 나온 문제점을 적극 보완하고 최적의 개선점을 마련해 모든 사업이 차질 없이 진행될 수 있도록 최선을 다하겠다"고 덧붙였다.

한편 태안 기업도시 연결도로(부남교

가세로 태안군수가 지난 26일 태안읍 샘골도시공원 조성사업 현장을 방문, 집중 점검하는 모습.
태안군 제공

진률 82% 진행되고 있는 한국 타이어 주행시험로 공사는 현대자동차 그룹에서 시설하는 드라이빙 익스피리언스 체험센터로 이때 지역경제 부양효과가 기대되고 있

삼천 년이라는 오랜 세월 동안
천천히 쌓인 모래가
거대한 장안사퇴 둔덕을 만들었습니다.

썰물이 많이 빠질 때 나타나
경이로운 모습을 보여준다는
'장안사퇴'에
풍물단과 함께 다녀왔습니다

드넓게 펼쳐진 四面의 푸른 바다
둥둥 어디론가 떠가는 듯
바다와 맞닿을 듯 끝없는 하늘 아래
힘차게 펄럭이는 풍물단의 깃발만이
세상의 유일한 경계처럼 느껴졌습니다

그곳에서
경쾌하게 울려 퍼진 풍물소리처럼
바다 가운데의 모래 둔덕
'장안사퇴'의 신비로움이 널리 알려져서
많은 이들의 발길이 닿는 곳이 되어

태안의 가치를 더하고

사랑받는 관광자원이 되었으면 좋겠습니다

태안군, 거대한 모래섬 '장안사퇴'의 비경 알린다

가세로 군수 등 50여 명 '장안사퇴' 방문, 풍물단 및 승무 공연 펼쳐
져원북면 학암포 앞바다의 거대한 모래섬인 '장안사퇴' 알리기 '박차'

충남 태안군이 학암포 지역 관광자원 홍보에 발벗고 나섰다.군에
따르면 지난 27일 가세로 군수를 비롯한 군 관계자, 공연단 등 50
여 명이 원북면 학암포 앞바다의 거대한 모래섬인 '장안사퇴'를 찾
았다.

태안 '장안사퇴'는 대조기에만 나타나는 거대한 모래섬으로 주위
바다 색깔과 그 모습이 매우 신비롭고 아름다우나 그동안 잘 알려지
지 않았던 곳이다.

이날 방문행사는 가 군수 인사말에 이어 원북·이원풍물단 길놀이,
심화영 승무보존회 이애리 씨의 승무 공연 순으로 진행됐다.가세로
군수는 "이번 현장방문을 통해 타 지역에서는 볼 수 없는 태안만의

이색적인 지형인 '장안사퇴'의 가치를 본격적으로 검토할 계획"이라며 "앞으로도 태안만의 특색있는 자연경관을 보존과 개발의 균형을 맞춰가며 관광 자원으로 개발해, '서해안 최고의 휴양도시 태안'의 자리를 굳건히 지켜나가겠다"고 말했다.

한편 거대한 모래 퇴적지역인 '장안사퇴'는 천연기념물 가마우지 등 조류의 먹이활동 지역이며 꽃게·넙치 등 해양생물의 서식처 역할을 하고 있다.

또한 약 12km에 걸쳐 펼쳐진 광활한 '장안사퇴'는 태안의 해수욕장과 사구의 모래 공급원이 되고 있으며, 지역 주민들 사이에서는 '장안사퇴'가 해일을 막아준다고 구전되고 있다.

출처 : 충청뉴스 최형순 기자 2019.10

샘골!

시멘트로 물골을 막아 써왔던
빨래터

이곳은 관음성지인 태안의 진산
백화산을 오르는 길목이었다

가뭄에는
물이 마르고
삭막하기 그지없는 이곳에
사시 물이 흐르는
생태공원으로 만들기 위해
2년 줄잡아 100여 회 현장을 찾아
미흡하지만
이젠 모양이 갖춰지고 있다

관세음보살의
상주처
"청조루"가 새로이 지어졌고

넓고 깊게 발원지를 키워 물이 고여
물골에
항상 물이 흐르도록 하였다

인근에
멋진 친수공간 가족쉼터를 의도했던 것이다

우리 태안군민들의 삶의 질이
서울특별시민만큼 높아져야 한다

이것이
나의 지향점이자
함께 이뤄내야 하는
우리 모두의 과제인 것이다!

태안군 샘골 도시공원 군민품으로

샘골 발원지 키우고 산책로·휴게쉼터 등 조성가세로 군수 100여 회
현장 점검으로 정성쏟아

　군민 마음 속 '태안의 발원지'이자 '추억의 공간'으로 큰 사랑을 받
아온 태안읍 '샘골'이 생태와 문화가 살아 숨쉬는 도시공원으로 새롭
게 태어나 군민 곁으로 돌아왔다.

　지난 14일 태안읍 동문리에서 가세로 군수와 양승조 충남지사,
도·군의원, 각급 사회단체장, 마을 주민 등이 참석한 가운데 생태문
화 샘골 도시공원을 준공했다. 이날 준공식에서는 식전공연인 타악
공연에 이어 경과보고 및 감사패 수여, 가세로 군수의 인사와 도·군
의장의 축사, 테이프 커팅 등이 진행됐다.

　군은 오랜 기간 방치돼 온 샘골을 재정비해 군민들을 위한 공간
으로 재탄생시키기로 하고 2019년부터 태안읍 동문리 829 일원(샘

골) 총 3만 3천945㎡ 면적에 총 사업비 45억 원을 투입해 '생태문화 샘골 도시공원 조성 사업'을 추진해왔다. 이를 위해 샘골의 발원지를 키워 사시사철 물이 흐르는 친수공간을 확보해 주민들의 추억을 재현해냈으며, 주변 경관과 어울리는 교량 및 정자를 설치해 편안한 휴식공간을 조성했다.

또 485m의 산책로를 비롯해 휴게쉼터 3개소, 주차장 1개소, 저류지 2개소 등을 조성하고 회양목 3천500그루와 맥문동 1만본 등을 식재했으며, 25m 길이의 황토길을 조성하는 등 인위적인 자연 조작을 최소화해 군민들의 추억이 어린 샘골 재정비에 힘을 쏟았다.

특히, 가세로 군수가 공사기간 중 100여 회 현장을 찾아 진행상황을 살피는 등 사업이 본래 목적대로 차질 없이 진행될 수 있도록 힘을 쏟았으며, 샘골 진입도로 개설을 끝으로 마침내 사업을 모두 마무리짓고 이날 군민들에게 추억의 공간을 선물했다.

군은 샘골 도시공원이 군민들의 큰 사랑을 받을 수 있도록 앞으로

도 주민들의 의견을 적극 청취해 철저한 관리에 나선다는 방침이다.

가세로 군수는 "수십 년간 방치돼 있던 추억의 장소 '샘골'을 현대에 맞게 생태와 문화를 겸비한 도시공원으로 만들어 군민들께 제공하기 위해 많은 노력을 기울였다"며 "군민들이 편안하게 힐링할 수 있는 아름다운 자연생태 공원으로서 제 역할을 다할 수 있도록 사후 관리에도 최선을 다하겠다"고 말했다.

출처 : 충청매일 한기섭 기자 2021. 11

충청매일

2021년 11월 16일 (화)
10면 지역

태안군이 지난 14일 태안읍 동문리 샘골 도시공원 준공식을 열고 군민들에게 개방했다.

태안군 샘골 도시공원 군민품으로

샘골 발원지 키우고 산책로·휴게쉼터 등 조성
가세로 군수 100여회 현장 점검으로 정성쏟아

군민 마음 속 '태안의 발원지'이자 '추억의 공간'으로 큰 사랑을 받아온 태안읍 '샘골'이 생태와 문화가 살아 숨쉬는 도시공원으로 새롭게 태어나 군민 곁으로 돌아왔다.

지난 14일 태안읍 동문리에서 가세로

약공연에 이어 결과보고 및 감사패 수여, 가세로 군수의 인사와 도·군의장의 축사, 테이프 커팅 등이 진행했다.

군은 오랜 기간 방치돼 온 샘골을 재정비해 군민들을 위한 공간으로 재탄생시키기로 하고 2019년부터 태안읍 동문

사시사철 물이 흐르는 친수공간을 확보해 주민들의 추억을 재현해냈으며, 주변 경관과 어울리는 교량 및 정자를 설치해 편안한 휴식공간을 조성했다.

또 485m의 산책로를 비롯해 휴게쉼터 3개소, 주차장 1개소, 지류터 2개소 등을 조성하고 화왕목 3천500그루와 맥문동 1만본 등을 식재했으며, 25m 길이의 황토길을 조성하는 등 인위적인 자연조작을 최소화해 군민들의 추억이 어린 샘골 재정비에 힘을 쏟았다.

입도로 개설을 끝으로 마침내 사업을 모두 마무리짓고 이날 군민들에게 추억의 공간을 선물했다.

군은 샘골 도시공원이 군민들의 큰 사랑을 받을 수 있도록 앞으로도 주민들의 의견을 적극 청취해 철저한 관리에 나선다는 방침이다.

가세로 군수는 "수십 년간 방치돼 있던 추억의 장소 '샘골'을 현대에 맞게 생태와 문화를 겸비한 도시공원으로 만들어 군민들께 제공하기 위해 많은 노력을

선열들의 외침

3월 1일이다

그분들을 생각한다

옥파 이종일,
우운 문양목

모두 태안분들이시다

이 같은 만세운동은
내고향 태안에서도 일어났다고 한다

그곳에서 15세에 상경
50년이 가까워 오지만 고향을 잊은 적은 없다

내가 상경할 적에는 푸른 꿈을 실현시키려 했는데
독립국가를 만들지 못했으니
이 무슨 낯으로 고향에 돌아가겠는가!
삼일거사 직후 체포되어 신문조사 중에 쓴
3.5 일기 내용이다

선열들을 기리는 기념식을 갖는다

오후

안면도 백사장 주변 침수현장을 찾았다

반가운 봄비가

왼종일 내리는

삼월의 첫날이다.

가세로 태안군수, 독립유공자 유족 방문

　가세로 태안군수가 3.1운동 및 임시정부 수립 100주년을 앞두고 지난 23일 관내 독립유공자 유족 가정을 방문해 감사의 뜻과 위문품을 전달하고 '국가유공자의 집' 명패를 달아드렸다.

　이날 가 군수는 김봉국 독립유공자의 자녀 김순분(87) 씨와 김관용 독립유공자의 자녀 김현상(83) 씨 가정을 방문해 유공자의 희생과 헌신에 존경의 마음을 표했다.

　특히 국가유공자의 예우를 강화하고자 올해부터 실시하는 '국가유공자 명패 달아드리기'를 함께 진행해 그 의미가 더욱 깊었다.

가세로 군수는 "3.1운동과 임시정부 수립 100주년을 맞아 독립유공자 가정에 명패를 달아드릴 수 있어서 매우 뜻 깊게 생각한다"며 "앞으로 국가유공자를 포함한 보훈가족의 명예와 자긍심을 높일 수 있도록 노력하겠다"고 말했다.

한편 태안군에는 독립유공자 김봉국, 홍순대, 김정진, 최중삼, 고서동, 조창섭, 김관용의 유족이 거주하고 있다.

출처 : 백제뉴스 양태권 기자 2019.02.

충청신문

2019년 02월 26일 (화)
19면 지역

김관용 독립유공자의 자녀 김현상(82)씨 가정에 '국가유공자의 집' 명패 다는 모습

김봉국 독립유공자의 자녀 김순분(86)씨 가정에 '국가유공자의 집' 명패 다는 모습

가세로 태안군수, 독립유공자 유족 방문

가세로 태안군수가 3.1운동 및 임시정부 수립 100주년을 앞두고 지난 23일 관내 독립유공자 유족 가정을 방문해 감사의 뜻과 위문품을 전달하고 '국가유공자의 집' 명패를 달아드렸다.

이날 가 군수는 김봉국 독립유공자의 자녀 김순분(87)씨와 김관용 독립유공자의 자녀 김현상(83)씨 가정을 방문해 유공자의 희생과 헌신에 존경의 마음을 표했다.

특히 국가유공자의 예우를 강화하고자 올해부터 실시하는 '국가유공자 명패 달아드리기'를 함께 진행해 그 의미가 더욱 깊었다.

가세로 군수는 "3.1운동과 임시정부 수립 100주년을 맞아 독립유공자 가정에 명패를 달아드릴 수 있어서 매우 뜻 깊게 생각한다"며 "앞으로 국가유공자를 포함한 보훈가족의 명예와 자긍심을 높일 수 있도록 노력하겠다"고 말했다.

한편 태안군에는 독립유공자 김봉국, 홍순대, 김정진, 최중삼, 고서동, 조창섭, 김관용의 유족이 거주하고 있다.

태안/신현교 기자

shk11144@dailycc.net

서해의 독도, 격렬비열도

전국에서
우리 태안 서해의 끝단
서해의 독도
격렬비열도를 사랑하는 전사 46명이 태안에 모였다

외국인과 여성들도 있었다
그들은 카약으로 뱃길 480리
격렬비열도를 돌아오는 2박 3일 간의 여정이었다

누구도 생각지 못한 도전을 행한 것이다
우리 태안군에서
우리의 영토 영해 기점
격렬비열도의 가치를 전국민에게 알리기 위해
"KBS 다큐 3일" 팀과 함께
격렬비열도의 역사를 다시 쓰고자 했던 것이다

걱정이 많았다
무동력 카약으로
노를 저어 먼 뱃길을 다녀온다는 것은
많은 위험이 따르는 것이기 때문에 만류하는 분들도 있었다

7월 16일
이른 아침
태안 신진도 항을 출발
이튿날 격렬비열도에 도착

다시 돌아
7월 18일 오후 다섯시를 넘겨
그들은 모두 무사히 돌아왔다

땀에 절은 채
반짝이는 무서운 눈매에
따뜻한 미소가 넘쳤다

완주 기념식에서
나는
평소 즐겨쓰는 토인비의 말을 감히 들먹였다

역사는
도전과 응전으로 창조되며
그 역사는 소수의 창조자에 의해
이루어진다는 것이었다

격렬비열도에

국가가 관리하는 연항 항이 건설되어
악천후에 피항처
중국 불법어업 단속 전진 기지화

전국민이 언제든 오가서
태안관광 경제 활성화에 기여하는 등
영토의 실효적 지배가 속히 이루어져야 함을
힘껏 외쳐댔다

열정의 2박 3일이었다!

신진도에서 뱃길 한 시간
활과 같은 모형의 섬이라 하여
궁시도라 불린다

괭이갈매기의 군무가 현란하다
자기들을 공격하는 것으로 착각하여 분비물로 우리를 공격한다

허리를 넘는 처녀림을 헤쳐 길을 내면서 등대길을 오른다
찔레꽃 피다 남은
노란 유채 부드럽게 펼쳐진 진초록의 풀밭 자락이 부드럽기만 하다

폐교 교사가 한길 높이 폐허속에 있어
아이들의 재잘거림이 바람에 스친다

몽돌에 자그락 자그락 물결소리
숱한 세월 흘려내고
쪽빛 물결은
밀려가고 또 밀려오는데

이들은 어디로 갔는지

어디쯤엔가는
섬 총각 울렸던
해당화 한그루 피었으리라

황홀경에 한나절 속에
뱃 길 돌려 되돌아온다
누항으로!
속진으로!

가세로 태안군수,
격렬비열도 등 관광자원 태안군 핫플레이스로 개발

2020년 주요 군정 비전 발표

　가세로 충남 태안군수가 4일 군청 중회의실에서 신년 기자회견을 열고 2020년 주요 군정 비전을 제시했다.

　가세로 충남 태안군수가 4일 군청 중회의실에서 신년 기자회견을 열고 2020년 주요 군정 비전을 제시했다.

　가 군수는 이날 출입 언론인 및 실과 부서장 등 70여명이 참석한 간담회에서 "올해는 민선7기 완성의 해로, 지난 4년간의 궤적을 거울 삼아 '날자 새태안이여, 더 잘사는 내일로'라는 방향감으로 정밀하고 밀도있게 군정을 살펴나가겠다."고 포부를 밝혔다.

　가 군수는 "지난해 코로나19 등 국내외 어려운 여건 속에서도 국도 38호선(가로림만 해상교량) 국도 승격과 태안고속도로 2차 국가

도로망 종합계획 확정, 샘골도시공원 조성, 종합실내체육관 건립 등 다양한 분야에서 획기적인 성과를 냈다"고 말했다.

이어 "올해도 지역경제 회복과 미래세대를 위한 성장산업 기반 조성을 위해 전 공직자가 최선을 다하겠다."고 밝혔다.

가 군수는 △미래 성장동력, 더 강한 태안 △트렌드에 맞는 즐거운 태안 △모두를 배려하는 안심 태안 △고품격 삶의 질 제고, 살고싶은 태안 △민생중심 경제, 경쟁력 있는 태안 △군민과 함께하는 양방향 스마트 태안 등 6대 군정목표를 제시했다.

또, 역대 최대인 6,946억 원 규모의 본예산을 편성했으며 이중 농림·해양수산 분야 등 군 주력산업에 1,310억 원, 사회복지 예산에 1,379억 원을 배정했다.

생활불편 등 주민 건의사업을 적극 반영하고 SOC확충예산을 증액하는 등 효율성을 극대화한 예산 집행에 나서겠다는 방침을 밝히기도 했다.

또, 올해 2월부터 태안군 시설관리공단 설립을 위한 타당성 검토

용역에 착수할 계획이다.

태안해상풍력단지 조성을 위해 정부예산 확보와 관련기관과의 협업 등 구체적 노력을 기울이고, 만리포니아 해양레저 안전교육센터 건립의 경우 올해 상반기 건축설계를 마무리한 뒤 10월 중 착공에 돌입한다는 방침이다.

'트렌드에 맞는 즐거운 태안'과 관련, 군은 태안읍 인평리와 고남면 영목항에 관문 상징조형물을 설치하고 연포해수욕장 해맞이 경관시설 조성 및 몽산포 전망대 2단계 추진에 돌입할 계획이다.

태안읍 중앙로광장에서 경이정까지 이어지는 '태안읍 역사문화거리'를 조성해 도시경관을 획기적으로 개선하고, 백화산 문화이음길 물놀이장 조성과 백화산 트리워크 설치 사업도 올해 준공 목표로 총력을 기울일 예정이다.

'모두를 배려하는 안심 태안' 분야에서는 지난해보다 12억 원 늘어난 139억 원의 예산을 확보해 노년층의 사회참여 기회를 확대할 계획이며, '어르신 놀이터' 및 '어르신 돌봄센터', '장애인 가족 힐링센터'를 조성하고 초·중학생 입학준비금과 출생아동 '첫만남 이용

권'을 지원하는 등 군민 부담 경감에 나선다.

태안읍 평천리에 '태안 종합운동장 축구 보조경기장'을 조성하고 올해 총 140면의 공영주차장 확보와 더불어 소원면 내 2농공단지 조성을 위한 전략환경영향평가에 돌입할 예정이다.

특히 4월 한국농어촌공사 태안지사 및 태안읍 장산리에 태안 북부권 로컬푸드 직매장을 설치할 계획이다. 군민의견 건의창구를 운영하는 등 군민과의 양방향 소통에 적극 노력한다는 방침이다.

가 군수는 "해양관광도시 태안군의 숙제로 해안국립공원으로 묶여져 관광콘텐츠 개발의 한계가 있다."며, "환경부, 해수부 등 이해관계로 절충점을 찾는데 어려움이 있지만 서해 끝 도서인 격렬비열도를 독도처럼 누구든지 갈수있는 접안시설의 필요성"을 역설했다.

그러면서 "국가관리 연안항 지정 타당성 용역이 완료돼 해수부 등 고시 절차가 남아있는 격렬비열도의 접안시설이 가시화되어 1차적 목적의 관광거점으로 큰 역활을 할 수 있기를 기대하며, 해양치유센터, 영목항, 가로림만 해양정원 등 요소요소 해양자원을 태안군 핫플레이스(hot place)로 만들어 발전시키겠다"고 강조했다.

가세로 군수는 "임인년 새해는 태안의 새로운 역사를 창조하는 전진과 도약의 해가 될 것"이라며 "호랑이의 눈으로 통찰하고 소의 걸음으로 뚜벅뚜벅 걷는 호시우보(虎視牛步)의 자세로 군민의 안위를 더 안전하게, 삶을 더 안락하게, 곳간을 더 풍요롭게 만들겠다"고 힘주어 말했다.

출처 : 신아일보 이영채 기자 2022.01.

며칠 전
문화재청장님과 안흥성에서 만났습니다
안흥성은
축성 과정에 대한 기록이 상세히 남아있고
전국 수군진성 중 가장 보존상태가 양호하여
문화재로서의 가치가 매우 높은 곳입니다

군에서는 태안 8경 중 하나로 꼽히는
아름다운 안흥성을 온 국민이 향유할 수 있도록
학술대회 준비 등
국가지정문화재 승격을 준비하고 있습니다

주변의 국립 태안해양유물전시관과 함께
역사적 문화향유공간과 관광의 거점으로
주목받는 곳으로서 안흥성의 가치가
널리 알려질 것입니다

개인적으로는
저의 문중 어르신께서
안흥성의 첨사(성주)를 지내시면서

성에 사는 사람들이
진상품을 마련하기 위해
추운 겨울 살갗이 터져 피를 흘리면서
전복, 소라 등을 따 조정에 진상하는 것이 너무 안타까워
당시 김좌근 좌의정에게 상소문을 올려
이를 중단케 하였고

당시 조정에서 마늘을 보내와 경작 재배하여
지금의 태안 6쪽 마늘의 시원이 되었다고 합니다

지금도 성 입구에는 그분들의 선행공덕비가 세워져 있습니다
안흥성은 아름다우며 복원의 가치가 충분한 곳입니다
안흥성 국가지정문화재 승격에
군민분들의 많은 관심을 부탁드립니다

가세로 태안군수 "안흥진성 갑 속에 든 칼"

국방과학연구소 군사시설보호구역 해제 필요성 강조…
"신진항 정비하고 키워야"

　가세로 태안군수가 지난해 국가사적 제560호로 승격된 안흥진성
에 대한 관광자원화 의지를 분명히 했다.

　안흥진성과 인접해 있는 안흥외항(신진항)을 정비, 크게 키워야
한다는 복안도 밝혔다.

　가 군수는 6일 오전 군청 중회의실에서 진행된 신년 기자회견에서
"서해안 내포철도 연결과 안흥진성 국가사적 승격, 격렬비열도 국가
관리연안항 예비 지정 등으로 변화가 예상되는 이 일대에 대한 그랜
드 비전이 있는지"에 대한 질문에 "항만 하나 만들고 키워내기 위해

서는 어마어마한 돈이 들어간다"고 말문을 열었다.

이어 "신진항을 정비하고 키워서 우리 군 지역경제 활성화에 큰 도움이 되도록 해야 한다는 생각을 가지고 있다"며 "해당 부처와 협의해 군에 플러스 되는 방향으로 만들겠다"고 강조했다.

가 군수는 2022년 착공 예정인 해상풍력단지(500MW)와 관련 "어마어마한 물량이 들어와야 하는데 하역시설이 준비돼 있지 않다. 이것을 수용할 시설이 없다"며 "항만 정비와 함께 이를 위한 공간을 확보하는 것이 큰 숙제 중 하나"라고 설명했다.

가 군수는 또 "안흥진성에 들어가 보면 동쪽 문은 국방과학연구소 안에 있고, 북쪽 문과 남쪽 문도 국방과학연구소와 인접해 있어 성의 역할을 하는데 한계가 있다"며 "차폐시설을 만들거나 궁극적으로 국방과학연구소로부터 안흥진성을 명실상부하게 확보해 그 안에서 즐길 수 있도록 해야 한다"고 목소리를 높였다.

가세로 군수는 "신진항을 정비하고 키워서 우리 군 지역경제 활성화에 큰 도움이 되도록 해야 한다는 생각을 가지고 있다"며 "해당 부처와 협의해 군에 플러스 되는 방향으로 만들겠다"고 강조했다.

(태안군 제공)태안군에 따르면 안흥진성의 성곽 길이는 총 1,714m로 이 중 600~700m가 국방과학연구소로 인한 군사시설 보호구역으로 묶여 있는 실정이다. 현장에는 철조망으로 차단돼 있는 것으로 전해졌다.

가 군수는 특히 "앞으로 이곳이 관광 스팟(Spot)이 될 텐데 오시는 분들마다 '이렇게 아름다운 곳이 있느냐'고 하신다. 봄에라도 언론인 여러분과 가볼 생각"이라며 "국방과학연구소로부터 확보하지 못하면 안흥진성은 갑 속에 든 칼이 될 것"이라고 지적했다.

사실상 안흥진성 주변에 대한 군사보호구역 해제의 필요성을 강조한 것으로 풀이된다.

계속해서 가 군수는 "국방과학연구소로부터 양보 받아, 안흥진성

에 들어가 답사를 하고 성곽에 올라가 여러 가지를 음유할 수 있는 정도의 시설로 만들고자 한다. 그것은 분명히 해내겠다"며 "그렇게 됐을 때 안흥진성 그 자체만으로도 충분한 관광자원이 될 것"이라고 강조했다.

이에 앞서 가 군수는 "안흥진성에 국방과학연구소가 들어있는 것 자체가 국격에 맞지 않는다. 국가사적지인데도 마음대로 국민들이 이곳을 보지도 못하는 것은 불행한 일"이라며 "안흥진성을 되찾기 위한 범군민추진위원회를 구성하겠다"고 밝히기도 했다.

출처 : 굿모닝충청 김갑수 기자 2021.01

돌아보며 앞으로

태안군 학교급식지원센터, 군 직영전환

"건강하고 안전한 학교 급식 책임진다"

　정부가 할 일은 국민안전이 최우선 되어야 한다. 특히 학생들이 먹을거리에 대한 불안감을 해소하는 일은 그 무엇보다 우선시 되어야할 중요한 일이라 여긴다.

　태안군은 만간위탁업체에 맡겨 운영하던 "태안군 학교급식지원센터"를 지난 2019년 3월 1일이 전격적으로 군직영으로 전환했다.

　"태안군 학교급식지원센터"는 지역의 우수 농산물을 학교급식에 공급해 성장기 학생들의 건강증진과 지역농가의 소득증대를 위해지난 2017년에 설치되었으나, 학교급식의 질이 낮아 학생은 물론교직원들로부터 불만이 많았다.

　군은 공공성 확보 및 급식의 질 향상을 위해 2018년 9월 "학교급식심의위원회"를 통해 "태안군 직영전환"을 의결하고 '태안군 학교급식 특별회계 조례'를 제정해 2019년 3월 1일 본격적으로 군 직영학교급식지원센터를 개소했다.

　원활한 센터 운영을 위해 군은 2019년 2월 농·수·축산물 및 가공식품 납품업체 6곳을 선정하고 배송차량 8대를 구입하는 등 만반의준비를 마쳤으며, 특히 납품업체 선정시 태안 소재 5개 업체와 광역친환경 1개 업체를 선정하는 등 지역 상권보호를 위한 노력도 기울였다.

　태안군은 '태안군 급식지원센터'를 통해 관내 59개 학교, 5,625명의 학생들에게 안전하고 건강한 식재료를 공급하게 되며, 2019년에는 유·초·중·고등학교 무상급식비, 친환경 농산물 차액 지원 등 급식 지원금으로 34억 원의 예산을 투입했다.

군은 학교급식지원센터의 비영리적 운영을 통해 공공성을 확보하고, 운영 수수료를 13%에서 9%로 낮춰 급식의 질을 향상시켰다.

식자재 검수 전문 인력으로 영양사를 채용해 학교급식의 안전성을 확보하는 한편 태안산 친환경 농산물을 기존 40%에서 60%로 확대, 학생들에게 건강한 먹거리를 제공해 식생활 개선 및 건강증진을 도모했다.

태안군 학교급식지원센터는 태안읍 송암로 522 농산물유통센터 내에 위치하고 있으며, 저온저장실 136㎡(냉동 창고 4동), 식품보관실 64㎡, 선별실 72㎡, 배송차량(냉동탑차) 8대를 보유하고 있다.

태안군의 학교급식지원센터의 군 직영전환으로 소비자인 학생들과 교직원의 만족도를 조사하였는데 대부분의 학생들과 교직원이 크게 만족하는 것으로 나타나 고무적으로 판단하고 있으며

지역의 친환경 농산물의 판매촉진과 안전한 먹을거리의 지역내 학교에 지속적으로 공급할 수 있도록 보다 더 공격적인 행정력을 펼친다는 계획이다.

참으로 어려운 결정을 하였다.

민간인 업자들의 압력과 유혹이 있었고, 철없는 협박도 꾸며내며 직영화를 서지하였으나, 여기에 굴할 이유가 없었다.

명승식 팀장 등 직원들에게 더없이 고맙다.

군민들과 함께

오늘도 한결같이
쾌적하고 깨끗한 거리를 만드는 분들이 있다

그들과 함께 추위와 더위를 함께 하였다

청소차량 뒤에 매달려 쓰레기를 수거한다
내리고 타기를 반복하면서
심한 추위를 느끼고
심한 더위에 허덕인다.

그 분들과 생선시장 골목과
식당 골목등을 한 바퀴 돌았다.
날씨가 더워짐에 따라 악취가 심해
음식물쓰레기 치우기가 쉽지 않다.

시린 손과
흐르는 땀방울이 그 분들에게 죄송하다.

아침을 같이하며 새날을 얘기한다

서설을 밟으며 충령사 참배식을 했고
땀방울을 식히며 천수만 바닷바람을 쏘인다.

우리 군민 모두에게 희망과 열정이 넘치는
겸허한 나날이길 빌어본다.

가세로 태안군수, "군민 건의사항 끝까지 책임진다"

가세로 태안군수가 지난해 민선7기 첫 읍·면 방문과 올해 1월에 실시한 읍·면 방문 시 나온 군민 건의사항의 추진상황을 점검하기 위한 보고회를 열고, 건의사항 처리의 철저한 추진을 당부했다.

군은 지난 25일 군청 중회의실에서 가세로 군수와 각 부서장 및 팀장 등 50여 명이 모인 가운데 '태안군수 읍·면 방문 건의사항 처리 상황 보고회'를 가졌다.

이번 보고회는 읍·면 방문 시 접수된 주민 건의사항의 전반적인 추진현황을 점검하고, 군민생활과 직접적으로 관련된 사항의 조기 처리를 도모하기 위해 개최됐다.

가세로 군수는 취임 직후인 지난해 7월 각 읍·면을 방문해 군정에

대한 군민의 의견을 청취했으며, 올 1월에는 군민과 소통하고 공감하는 현장 행정 실천과 군정 방향을 군민과 공유하고 민선 7기의 본격적인 시작을 알리기 위해 읍·면을 방문, '군민과의 만남'을 추진한 바 있다.

가 군수는 8개 읍·면과 지역 경로당 23개소, 어려운 이웃 13가정 등 총 51개소를 방문해 군민 3,000여 명을 만나 각계각층의 의견을 들었으며, '군민과의 대화' 시간에 군민 눈높이에 맞는 진솔한 화법과 새치있는 입담으로 분위기를 화기애애하게 이끌어가며 군민들이 보다 쉽게 의견을 펼칠 수 있도록 했다는 호평을 받았다.

특히 지난 2월에는 주요 건의 사항에 대해 가 군수가 직접 현장방문에 나서 현지상황을 파악하고 지원방안을 검토하는 등 현장 행정을 펼쳐 군민들의 큰 호응을 얻었다.

이날 보고회에 따르면, 군민 건의사항은 2018년 284건, 2019년 395건 등 총 679건으로 정리됐다.

군은 건의사항 처리를 위해 각 부서별로 현장을 방문하고 예산을 반영하는 등 적극적인 노력을 펼치고 있으며, 추진이 가능한 사항은 조기 처리를 목표로 진행하고, 추진이 어렵거나 문제점이 있는 사항은 대응전략 모색 후 효율적인 추진방안을 마련해 나갈 계획이다.

보고회를 주재한 가세로 군수는 "군민들이 말씀해주신 679건의 건의사항은 건의자와의 진솔한 대화를 통해 그분들이 겪고 있는 어려움과 불편에 대해 세심하게 파악해야 한다"며 "까다롭고 추진이 어려운 건의도 최대한 해결방안을 모색해 대안을 제시해 달라"고 말했다.

또한 "군민 건의사항 처리를 위해 각 부서장들을 비롯, 전 공직자들은 능동적인 자세로 끝까지 최선을 다해주길 바란다"고 당부했다.

출처 : 백제뉴스 양태권 기자 2020. 3

금강일보

2021년 05월 26일 (수)
15면 지역

가세로 태안군수 군민 생활불편 해결 나서

가세로 태안군수가 군민 생활 불편사항 해결에 팔 걷고 나섰다.

군에 따르면 군은 25일 군청 중회의실에서 가세로 군수를 비롯한 군 관계자 등이 모인 가운데 3시간여 동안 '읍면 방문시 주민 건의사항 처리상황 보고회'를 가졌다.

이날 보고회는 가 군수가 읍면 연두 방문과 현장군수실, 마을군수실 등을 통해 접수한 주민 건의사항에 대해 전반적인 추진상황을 점검하고 군민생활과 직접적으로 관련된 사항을 조기에 처리하는 방안에 중점을 뒀다. 가 군수가 2018년 7월 취임한 이후 접수

군은 그동안 건의사항 처리를 위해 각 부서별로 현장을 방문하고 예산을 반영하는 등 적극적인 노력을 기울여 1439건(76%)을 완료했거나 추진 중이고 136건은 추진 불가, 322건은 추진을 검토 중이다. 특히, 주요 건의 사항에 대해서는 가 군수가 직접 현장을 찾아 지원방안 등을 함께 논의하는 등 현장 행정을 펼쳐 군민들의 큰 호응을 얻고 있다.

가 군수는 "추진이 가능한 사항은 조기에 처리하고 까다롭고 추진이 어려운 사항도 해결방안을 다각도로 모색해 대안을 제시해 달라"고 말했다. 이어 "관련 부서장들을 비롯한

바닷가 어르신들

이른 아침
어르신들은
삶의 터전 바다로 나가신다

추위도 아랑곳하지 않는다
굴 따는 손놀림이 재빠르다

물 때를 지켜야 하기 때문에
허리를 펼 여유조차 없다

이렇듯 일상으로 사시며
자녀들 대학도 보내고 세월도 보냈으리라

인사드리는 것조차 송구할 뿐이다

어르신들은 나날을 탓하지 않으며
이웃과 더불어 욕심내지 않는다

태안 앞바다

서둘러 나간다
삶의 터전으로

넉넉한 그는
거부하지 않는다

사시사철
언제나
바다는
우리를 받아들여 준다

금년에는
바지락이 흉년이라 걱정이다.

초겨울 바지락

초겨울이라 해도
바다 바람은
늘 차갑다

별주부마을 어르신들은
오늘도 바다에 다녀오신다

겨울바다의 진주바지락을 캐어오시기 위함이다

물 때를 맞춰야 하니
때도 거르기 일쑤다

겨울해가 뭐 있느냐
말씀하시지만
하루가 거의 저물어가니
얼마나 시장하실까

편안히 춥지않게 겨울나시길 빈다.

태안군, 국민디자인단과 바지락 캐기 행사

원북면 청산1리 마을 전 주민 참여 원주민·귀촌인 화합 공동체 도모

    충남 태안군이 국민디자인단과 9일 청산항 일원에서 원북면 청산 1리 마을 전 주민이 참여한 바지락 캐기 행사를 실시했다. 지역에서 는 어촌계원의 고령화와 그 밖의 다양한 문제로 인해 공동어업이 중 단 위기에 직면한 상황이다.

    이에 군과 국민디자인단은 마을 활성화를 위해 원주민과 귀촌인 과의 갈등을 완화하고 마을 내 귀향·귀촌인을 어촌 공동체의 새로운 활동 주체자로 참여시키기 위해 이번 행사를 추진했다.

    행사에는 청산어촌계원과 마을 주민 등 50여 명이 참여했으며 이 날 행사를 위해 청산1리 마을과 청산어촌계가 협의해 마을 주민들

에게 어장을 열었다.

행사에 참여한 가세로 군수는 "현안 문제를 해결하기 위해 주민이 다 함께 참여한 이번 행사가 마을공동체 활성화에 큰 힘이 될 것"이라며 "앞으로 군은 국민디자인단과 함께 주민 스스로가 마을 문제를 찾고 해결해 갈 수 있도록 구체적인 체계와 매뉴얼을 만들어 가는 데 힘쓰겠다"고 말했다.

국민디자인단은 정책 공급자인 공무원과 정책 수요자인 국민·서비스디자이너·전문가 등이 참여해 정책 수요자인 국민의 경험, 행동, 감정, 심리 등에 대한 면밀한 관찰과 분석을 통해 국민이 진정으로 원하고 필요로 하는 욕구를 찾아 공공서비스를 개발·개선해 가는 국민참여형 정책 모델이다.

출처 : 충청일보 송윤정 기자 2020. 4

꿈이 영글어가는 태안의 날

어제는 뜻깊은 날이었습니다

충남을 방문하신
대통령님과
오찬을 하고
해미읍성도 함께 둘러본 후,

충남도청에서 열린
해양 신산업 전략보고회에 참석하였습니다

해양 신산업은
부남호 역간척,
가로림만 해양국가정원 조성
태안 해양 치유 복합단지 건립,
안면도 관광지 개발,
만리포 해양레저 안전 교육센터 조성,
섬 관광 활성화 추진 등

대부분 우리 태안군이 추진하는 사업입니다

대통령님께서는
해양 신산업 육성전략의
중요성에 대해 강조하셨습니다

어제는 '태안의 날!'이었습니다

태안의 비약적인 발전의
디딤돌을 확인할 수 있었던
매우 뜻깊은 자리였기 때문입니다

가세로 태안군수, 하루 동안 400km 뛴 사연

국회와 세종청사 찾아
국도 38호 이원~대산 연륙교 건설 국가계획 반영 촉구

가세로 태안군수가 국도 38호 이원~대산 연륙교(가로림만 해상 교량) 건설을 위해 분주한 움직임을 보이고 있다. 가 군수는 2일 국회를 방문, 진선미 국토교통위원장과 만나 이 사업이 제2차 국가도로망 종합계획과 제5차 국도·국지도 5개년 계획에 조속히 반영될 수 있도록 도와 달라고 요청했다.

지난해 7월에 이어 두 번째 보고를 받은 진 위원장은 사업 필요성에 공감하며 긍정적 검토 입장을 밝힌 것으로 전해졌다.

가 군수는 곧바로 정부세종청사 기획재정부로 이동, 안도걸 예산

실장과 만나 같은 내용을 건의했다. 가 군수 일행의 이날 이동 거리
는 400km에 달하는 것으로 전해졌다.

가 군수는 "태안 100년 미래의 성장 동력이 될 '광개토 대사업'의
실현을 위해 올해도 정부와 국회 등을 대상으로 적극적인 대응과 협
의를 지속적으로 진행, 국가계획 조기반영과 예산확보에 최선을 다
하겠다"고 밝혔다.

한편 이 사업은 태안군 이원면 내리 만대항에서 서산시 대산읍
독곶리 황금산을 잇는 2.65km의 다리를 놓는 것으로, 접속도로
(2.96km)까지 포함하면 총 5.61km를 연결하는 것이 골자다.

국도 38호선(서산 대산~강원 동해) 연장을 통해 만(灣)으로 단절
된 구간을 잇자는 것이다. 이 사업은 태안군 이원면 내리 만대항에
서 서산시 대산읍 독곶리 황금산을 잇는 2.65km의 다리를 놓는 것

으로, 접속도로(2.96km)까지 포함하면 총 5.61km를 연결하는 것이 골자다.

"가고 가도 안 나와 포기하고 만다"라는 뜻을 지닌 만대항에서 건너편 황금산까지 가려면 1시간 30분(73km)이나 걸리는 만큼, 해상교량을 연결해 주민 불편을 해소해야 한다는 것이다.

특히 대산~당진 고속도로 사업이 본격 추진 중이고, 보령~원산도 해저터널 등 국도 77호선 역시 2021년 완전 개통될 예정이어서 가로림만 해상교량이 연결될 경우 관광산업 등에 획기적인 변화가 예상되고 있다.

이 사업은 지난해 12월 제5차 국토종합계획(2020년~2040년)과 올해 5월 제2차 국가도로망종합계획에 국토교통부 (안)으로 반영된 바 있다.

그러나 신규 노선에 대한 일괄 예비타당성 조사 결과 경제성이 낮은 것으로 나타나 도와 군은 4차선에서 2차선으로 계획을 변경, 제출한 바 있다.

이에 따라 총 사업비는 기존 2983억 원에서 약 2000억 원(추정치)으로 대폭 낮아진 만큼 정부계획 반영 여부에 당분간 관심이 쏠릴 전망이다.

출처 : 굿모닝충청 김갑수 기자 2021.02

어떤 인연

금년 여름은 비가 잦다
며칠 전 박원순시장의 안타까운 소식을 듣고 괴로웠다
가끔 전화로 소식을 주고 받으며 가을쯤 만나기로 하였었다

우리는 순수했던 시절 같은 대학의 학연이 있었던 터다
영면을 빈다

약 일 년 전
어느 할머니께서 밤늦게 울면서 전화를 하셨다
누가 볼세라 일찍 찾아갔다

찻길도 닿치 않는 산밑 마지막 외딴집이었다
얘기를 듣고 몰래 조치를 해드렸다

그 후
잊었다가 요즘 마음이 무거우니
힘들게 살아가는 그 할머니가 오랜만에 생각이 났다

낫으로 풀을 뵈고 나니
너무 아파 누워있다가

부르는 소리에 놀라 일어났다 한다

88세
정ㅇ래할머니!
혼자 산길을 오르내리며 적적히 살아가는 삶!

왜 이렇게 살게 하는지 빨리 가고 싶다 하시기에
하느님께서 부르시면 그때에나
비로소 고려해 보시라고 말씀드린다

되돌아오는 길
여름비는 계속 뒤를 돌아보게 한다.

가세로 태안군수, 중부해경청 태안유치 발품행정

가세로 태안군수, 중부해경청 태안유치 발품행정
지난 1일 오윤용 청장 만나 청사 태안 이전 요청

　　가세로 태안군수가 청사 이전을 앞두고 있는 중부지방해양경찰청 (이하 중부해경청)을 방문, 태안 유치를 위한 발품 행정을 펼치고 나서 귀추가 주목되고 있다.

　　군에 따르면, 가 군수는 지난 1일 중부해경청을 찾아 오윤용 청장과 만난 자리에서, 태안의 어업인구·도서·어선·어항·해수욕장 수·양식장 면적 등 해양수산자원 지표가 타 지자체와 비교해 월등하고, 중부해경청 관할 구역 (인천 옹진군 ~충남 서천군)의 중심이자 가장 넓은 구역을 관할하고 있는 점을 설명했다

또한 , 대한민국 최서단 영해기점 격렬비열도가 태안에 위치한 점 등을 내세우며 태안이 중부해경청 이전의 최적지임을 적극 피력했다.

이와 함께, 개발행위 없이 즉시 신축 가능한 태안읍 반곡리 1157-8 번지 일원 (태안기업도시 중심부) 3만㎡ 면적의 중부해경청사 이전 후보지도 소개했다 .

여기에 가 군수는 △상·하수도 등 기반 시설 △직원 정주 여건 △해경 전용부두 △태안 –안흥 도로확장 △격렬비열도 연안항 지정 등의 직·간접 지원을 비롯해, △교육문화공간 △해양·항공레저시설 △관광지 이용 편의 지원 등 직원 복지 지원시책도 함께 밝혔다.

앞서 군은 중부해경청 유치를 위해 지난해 현대도시개발과 양해각서를 체결하고 청사 이전 용지에 대한 성토공사 지원 및 토지 매도가격 인하를 비롯한 중부해경청의 요구사항을 최대한 반영하기로 한 바 있다 .

또 지난해 12월에는 군민 2만 1730명의 서명이 담긴 '중부해경청 태안 이전 청원 서명부'를 전달했다.

가세로 군수는 "태안은 중부해경청 지휘권의 중심지역이며 수도권에서 가장 가까운 해양·수산자원의 보고 (寶庫)로 청사 이전의 최적지 "라며 "앞으로 중부해경청 태안 유치를 위해 6만 3000여 군민의 염원을 모아 군 행정력을 집중하겠다 "고 말했다.

한편, 중부해경청은 2023년까지 용지면적 1만 5000㎡ (건축면적 9047㎡)의 신청사를 건립해 150여 명의 인원이 이동하게 되며, 부지선정위원회를 거쳐 이전 대상지를 최종 결정할 예정이다.

출처 : 금강일보 윤기창 기자 2020.05.

태안만을 바라보고 달려왔습니다

여러분들의 관심과 사랑 속에
태안만 바라보고 달려왔습니다

뒤돌아 볼 여유도 없이
어느덧 2년이 지나는군요

태안 역사상 처음으로
제5차 국토종합계획에
가로림만 교량건설, 고속도로 등

지역 현안사업 11개가 반영되고,
2021년 일반 농산어촌개발사업 공모에서
전국 10개 마을 중 우리군의 2개 마을이 선정되는 등

태안 미래 백 년
발전의 기반을 마련한
의미있는 시간이었습니다

여러분들의 성원에 힘입어
중앙일보가 주최하고

산업통상자원부가 후원한
대한민국 CEO 리더십 대상을
2년 연속 수상하는 영광을 얻기도 하였습니다
거듭 감사드립니다

코로나19 사태로 어려워진 지역경제 때문에
마음이 무겁습니다
이제는 포스트코로나 시대를 대비해야 합니다

마을 어귀에 행복이 있습니다
사소한 일이라도 군민 편에서
하나하나 해결하겠습니다
전에도 그랬듯이 처음의 마음으로
모두가 더 잘사는 태안을 향해 나아가겠습니다

"비주류의 자유로움"

나는 비주류다 !

나는 혈연, 지연, 학연에서 자유롭다. 그래서 나는 걸림이 없이 이 시대의 정신에 충실하게 대응할 수 있다.

군수 선거운동 기간 중 특별하게 본인의 군정 수행에 걸림돌이 될 만한 인연을 만들지 않았고, 의식하게 될 사연도, 무거운 신세를 진 사람들도 만들지 않았다.

그래서 나는 기득권 세력의 압력이나 혹은 주위의 개입에 구애없이 군정의 의사 결정을 이끌어 올 수 있었다.

21년간 "태안읍 생활폐기물 청소용역"의 민간업체 독과점을 차단하고, 군 직영 전환에 따른 비난 여론에도 흔들림 없이 전폭적으로 수용할 수 있는 여건을 조성하였고 일부에서 특정업체를 두둔하여도 과감하게 고리를 끊어 낼 수 있었다.

태안군에서 청소용역의 직영 전환을 과감하게 결정하여 청소분야의 행정서비스를 획기적으로 개선하고 5~6억원의 예산절감이라는 1석2조의 효과를 나을 수 있었다.

"태안군 학교급식지원센터"의 공급 체계도 민간업체 위탁방식에서 태안군 직영체제로 대전환하여 4~5억원의 예산절감은 물론 학생 및 학부모들로부터 호평을 얻었으며, 이장 직선제 등 모든 개혁과제를 추진 함에 있어서, 학연, 지연, 연고주의를 타파하여 기득권세력들로부터 자유로울 수 있는 것은 오직 비주류이기 때문에 가능한 일이라 여긴다.

　나는 될 수 있는 한 업자들을 만나지 않는다. 그래서 내게는 소위 정무부 군수나 측근들이 없다는 말을 자주 듣는다. 그만큼 투명하게 일처리를 하고 있으며, 언제나 책임있는 결정을 실현할 수 있는 것은 비주류 군수이기에 가능하다고 본다.

가세로 태안군수, 대한민국 CEO 리더십 대상 수상

충남 태안군 가세로 태안군수가 제8회 2019 대한민국 CEO 리더십 대상 수상자로 선정됐다.

지난 20일 밀레니엄 서울힐튼호텔에서 중앙일보, 월간중앙, 산업통상자원부, JTBC가 함께하는 제8회 2019 대한민국 CEO 리더십 대상에서 가세로 태안군수가 '혁신경영' 부문에서 대상을 수상했다.

올해로 8회째를 맞는 대한민국 CEO 리더십 대상은 급변하는 경영 환경과 무한 경쟁 속에서 변화를 수용하고 혁신을 거듭해 뛰어난 리더십으로 새로운 패러다임과 가치경영을 이끌어가는 대한민국 최고의 CEO를 격려하기 위해 제정된 상이다.

가세로 군수는 더 잘 사는 새태안을 건설하기 위해 행정구조 대혁신으로 군민을 위한 정책수립하고, 태안 미래발전의 초석인 광개토대사업을 추진하는 한편, 상생·협치를 강화하는 등 훌륭한 리더십을 보인 점을 높이 평가받았다.

가세로 군수는 2019년부터 연이어 3년 동안 계속 수상의 영광을 안았다.

중앙매일   2019년 12월 20일 (금) 08면 지역

가세로 태안군수, '대한민국 CEO 리더십 대상'

'혁신경영 부문' 2년 연속 대상 수상

수상 모습.

가세로 태안군수가 지난 19일 밀레니엄 서울힐튼호텔에서 중앙일보·월간중앙이 주최하고 산업통상자원부, JTBC 후원으로 열린 '제9회 2020 대한민국 CEO 리더십 대상'에서 '혁신경영' 부문 2년 연속 대상을 수상했다.

올해로 9회째를 맞는 대한민국 CEO 리더십 대상'은 급변하는 경영환경과 무한경쟁 속에서 변화를 수용하고 혁신을 거듭해 뛰어난 리더십으로 새로운 패러다임과 가치경영을 펼치는 대한민국 최고의 CEO를 선정, 격려하기 위해 제정된 상이다.

주최측은 가 군수가 '더 잘사는 새태안'을 건설하기 위해 행정구조를 대혁신하며 군민을 위한 정책을 수립하고, 태안 미래 발전 동력인 '광개토 대사업'을 역점 추진해 사업을 조기 가시화하는 한편, 태안 성장 발전을 위한 상생·협치를 강화하는 등 훌륭한 리더십을 보인 점을 높이 평가했다고 밝혔다.

이와 함께 제70회 충남도민체전 성공개최 및 종합우승, 제25회 충남장애인체전 성공개최 및 종합 3위 달성, 제28회 충남도민생활체육대회, 복군 30주년 기념행사 추진, 공약실천계획 평가 최우수등급 획득 등을 통해 작지만 강한도시로의 위상을 높였으며, 영목항 국가어항 선정 및 일반농산어촌 개발, 2020 어촌뉴딜300 공모 충남 최대 선정(5곳, 총 사업비 406억) 등을 통해 지속가능한 해양 수산 여건을 마련했으며, 자동차 부품제조기업인 ㈜케이엠에프(KMF)착공, ㈜에이사이드·㈜오케이섬유 기업유치 등을 통해 군민 일자리를 증가하고 지역 경제 활성화의 기틀을 마련하는 성과를 거둔 점이 좋은 평가를 받았다.

한편 가세로 군수는 민원처리지연으로 인한 군민불편을 해소하기 위해 올해 1월 신속민원처리과를 신설했으며, '민원군수실'을 별도로 설치해 인·허가 등 민원서류 결재를 신속히 진행하는 한편, 군민의 목소리를 직접 듣는 '찾아가는 현장 군수실'을 운영해 군민과 직접 소통하는 열린 행정으로 원스톱민원창구 우수기관 대통령 기관 표창을 받기도 했다.

또한 '더 잘사는 새태안' 건설을 위해 미래 성장 동력인 '광개토 대사업'을 역점 추진한 결과, 올해 제5차 국토종합계획(2020~2040)에 이원~대산 간 연륙교 건설 내포철도 구축 검토 중부권 4-2축 고속도로(세종~내포신도시~서산공항~태안) 사업 등 지역 핵심전략 사업이 11개나 반영돼 태안 미래 백년의 성장 동력을 확보하게 됐다.

가세로 군수는 "지난 기간 태안의 새로운 변화와 혁신을 열망하는 군민들의 목소리에 부응하기 위해 노력해왔다"며 "앞으로도 잘못된 정책과 낡은 관습을 바로 잡고 더 낮은 자세로 군민의 목소리를 들어 '새로운 태안', '더 살기 좋은 태안', '모두가 함께 잘 사는 태안'을 만들기 위해 최선을 다하겠다"고 소감을 전했다.

이어 "특히 '광개토 대사업'에 군 역량을 총 집중, 환황해권 중심지로 도약해 태안의 신해양시대를 열어가겠다"고 말했다.

태안/송대홍 기자

우리의 태안

'태안'의 이름을 되찾기 위한
많은 분들의 노력이 없었다면,
숱한 일들에
서로를 다독이며
함께 웃고 울지 않았다면,

복군 30주년을 기념하고
축하하는 오늘은 오지 않았을 겁니다

여기저기 며칠의 기념행사에
발 벗고 나서서 도와주시는
많은 군민분들을 보며

10년, 그리고 20년 후
눈부시게 달라져 있을
'태안'의 모습이 그려지는 듯 했습니다

'태안'이라는 숙명의 공감대가 있으니
우리는 무엇이든 할 수 있다는 것을
다시 한번 깨달은 시간이었습니다

군민 여러분
고맙습니다!

태안군,
내포태안선 제5차 국가철도망 구축계획 신규사업 반영 총력

충남 태안군이 오랜 숙원 사업의 하나인 철도노선 구축을 위해 모든 역량을 총동원한다.

태안군은 이달초 국토교통부의 제4차 국가철도망 구축계획에 추가검토 사업으로 반영된 '내포태안선'의 제5차 국가철도망 구축계획 신규 사업 반영을 위해 가세로 군수를 중심으로 행정력을 집중할 계획이라고 9일 밝혔다.

태안군과 서산시 예산군이 공동으로 추진 중인 내포태안선은 태안 안흥항에서 예산 삽교를 잇는 총 연장 57.6km의 단선 전철로 약 1조 5,896억 원의 사업비가 투입된다.

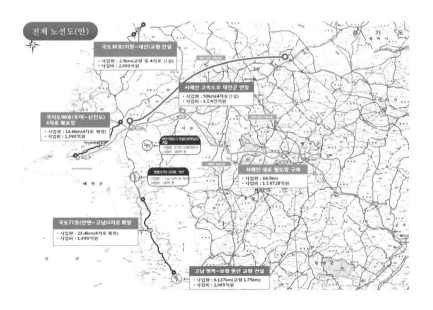

태안군은 내포태안선을 제4차 국가철도망 구축계획에 반영시키기 위해 지난 2019년 서산시 예산군과 MOU를 체결하고 사전 타당성 조사를 위한 연구용역을 추진하는 등 적극적인 대응에 나서 이달 초 국토교통부가 발표한 '제4차 국가철도망 구축계획'에 '추가검토 사업'으로 반영시켰다.

태안군은 내포태안선이 신규 사업으로 반영되지는 못했으나 '제5차 국토종합계획 검토사업 반영과 제4차 충청남도 종합계획 반영 등 성과가 있었다고 보고 다가오는 제5차 국가철도망 구축계획에는 내포태안선이 신규사업으로 반영될 수 있도록 최선을 다한다는 방침이다.

특히, 가세로 군수를 필두로 내포태안선의 설치 타당성을 정부에 지속적으로 건의하고 충남도의 철도망 구축 전략 수립 연구용역 추진에 적극 대응하는 한편, 서산시 및 예산군과의 공조를 강화해 추가적인 연구에 돌입할 계획이다.

가세로 군수는 "충남 서부지역의 열악한 철도 서비스를 개선하고 지역의 접근성을 향상시키기 위해 제5차 국가철도망 구축계획 신규 사업에는 내포태안선이 반드시 포함돼야 한다"며 "서산시 예산군과 머리를 맞대고 모든 역량을 결집해 지역 발전의 교두보를 마련하겠다"고 말했다.

출처 : 대전 cbs 김화영 기자 2021. 7

다시 찾고 싶은 태안

휴가로 우리 태안군을 찾아오시는
관광객분들이 많은 계절입니다

관내 28개 해수욕장을 찾아
안전하고 쾌적한 태안을 지켜내기 위해
무더위 속에 휴일도 반납한 채
수고가 많으신
공직자, 안전관리 요원, 경찰, 해경, 소방, 방범,
번영회 분들을 뵙고
현장의 목소리를 들으며 고마움을 함께 느꼈습니다

다들
땀범벅에
얼굴은 한껏 그을렸어도
관광객분들이
다시 찾고 싶은 태안을 만들기 위해
좋은 의견 주셔서
감사한 마음뿐입니다

태안을 찾아주시는

관광객분들이

불편함 없이

안전하고 쾌적하게

바다를 즐길 수 있도록

최선을 다하겠습니다

남은 1년 "군민과 함께 더 잘사는 새태안 건설"

'민선7기 4차년도 맞이 군정브리핑'

　군민 여러분의 따뜻한 지지와 성원에 힘입어 50년 숙원사업인 이원 대산 간 바닷길이 국도로 승격되는 등 지난 3년간 괄목할만한 많은 성과들을 거뒀습니다."

　가세로 충남 태안군수는 1일 군청 중회의실에서 '민선7기 4차년도 맞이 군정브리핑'을 개최하고 이같이 말했다. 이날 지난 3년간 주요 성과를 되짚어보고 후반기 군정 비전과 역점과제 등을 제시했다.

　군은 그동안 '광개토 대사업' 기반 구축에 힘써 제5차 국토종합계획에 태안-세종 고속도로 등 총 11개 사업을 반영시켰고 올해 제2

단계 제1기 지역균형발전사업에 7개 사업이 확정돼 582억 원의 사업비를 확보했다.

또 '서해 독도' 격렬비열도가 국가관리연안항으로 예비지정되고 기초자치단체로는 처음으로 서울대와 인공지능집적단지 조성을 위한 협약을 체결했다.

철저한 코로나19 차단 방역 속에서 5년 연속 연간 1000만 명 이상의 관광객이 꾸준히 태안을 찾았다. 새 볼거리를 위해 만리포 전망타워, 뭍닭섬 탐방로 등 특색있는 랜드마크 조성을 완료하고 영목항 나들목 해양관광거점, 꽃지 전면부 해안공원 정비사업 등은 적극 추진하고 있다.

특히, 안흥진성이 국가사적으로 태안읍성이 도지정 문화재로 승격되는 쾌거를 이뤘으며 동학농민혁명 기념관 및 옥파 이종일 선생 생가지 주변정비 사업을 통해 역사와 문화가 공존하는 태안을 만들고 있다.

전국 최초 농수산물 통합 로컬푸드 직매장을 운영, 지난해 58억 원의 매출을 올렸고 어촌뉴딜 300사업에 3년 연속, 일반농산어촌개발 공모사업에 5년 연속 선정돼 총 1,050억 원의 사업비를 확보했다.

지난 3년간 지역 현안 해결을 위해 가 군수를 비롯한 군 공직자들이 직접 발로 뛰어 총 3,906억 원(평균 1,302억 원)의 정부예산을 따냈고 내년에는 올해보다 10% 상향된 1,277억 원의 예산을 확보하기 위해 적극 노력할 계획이다.

앞으로 그간의 성과를 바탕으로 '군민과 함께하는 환황해권 해양경제의 중심축, 신해양도시 태안으로의 더 큰 도약'이라는 비전 아래 신해양도시 조성, 즐거운 문화 관광 구축, 농수산업활성화 등을 역점 과제로 추진해 나갈 방침이다.

특히 국도 38호 이원 대산 연륙교, 태안-세종 간 고속도로, 서해안 내포철도 사업을 역점 추진, 지역발전의 걸림돌인 '접근성'을 강화하고 해상풍력단지 조성, 격렬비열도 중심 개발, 해양치유센터 건립 등 미래 먹거리 산업 육성을 통해 지역 발전을 견인할 계획이다.

가 군수는 "그간의 성과를 뿌리 삼아 남은 기간은 꽃과 열매를 맺어 '군민 모두가 다함께 더 잘사는 새태안', '환황해권 해양경제의 중심축 태안', '강한 도시 태안'이 될 수 있도록 최선을 다하겠다"고 말했다.

출처 : 뉴시스 2021.07.

태풍 바비를 막아내자

있는 힘을 다하자.
날아다닐 것 치우자.
흔들리지 않도록 하자.

단단히 붙들어 매자.
느슨한 부분을 또 동여매자.

육지로 끌어올리자.
그리고
흔들리지 않게 하자.

틈새를 두지 말자.
떨어질 것 있는지
살펴 미리 치우자.

강한 비바람으로부터
전복, 유실을 막자.

옥상도 또 치우자.
외출도 자제하자.

챙기고 또 챙기자.

현장으로 나가
확인하고 챙기고 도와드리자.

행정력을 다 모아
태풍피해를 최소화하자.

태안군 가경주항 '어촌뉴딜 300 사업' 준공

2일 '가경주항 어촌뉴딜 300 사업 준공식' 가져,
8월 가의도 북항 이어 두 번째 물양장 확장, 부잔교 설치, 민속광장 조
성 등 주민 친화적 공간 탈바꿈

충남 태안군 가경주항이 '어촌뉴딜 300 사업'을 마무리짓고 살기
좋은 어촌마을로 새롭게 태어났다.

군은 지난 2일 고남면 가경주항에서 가세로 군수와 충남도 및 한
국어촌어항공단 관계자, 지역 주민 등이 참석한 가운데 '가경주항 어
촌뉴딜 300 사업 준공식'을 가졌다고 밝혔다.

이날 준공식에서는 경과보고와 감사패 수여에 이어 가세로 군수
의 기념사 및 주요 기관장들의 축사와 답사가 진행됐으며, 참석자들

은 테이프 커팅과 정자 현판식을 가진 뒤 마을 주변을 둘러보며 주민 친화형 어촌공간으로 탈바꿈한 가경주항을 직접 살폈다.

가경주항은 지난 2018년 12월 어촌뉴딜300 사업 대상지로 선정된 곳으로, 지난 8월 도내 첫 준공지로 이름을 올린 근흥면 가의도 북항에 이어 태안군의 두 번째 준공지다.

어촌뉴딜 300 사업은 해양수산부가 지난 2019년부터 어촌마을의 혁신성장을 주도하기 위해 추진한 지역밀착형 생활 사회간접자본(SOC) 사업으로, 사업 선정 시 국비 70%가 지원된다.

태안군에서는 올해까지 가의도 북항을 비롯한 9개소가 대상지로 최종 선정돼 총 사업비 657억 원을 확보하는 쾌거를 거뒀으며, 이번 가경주항 사업에는 총 84억 5100만 원(국비 59억 1천만 원, 지방비 25억 4100만 원)이 투입됐다.

군에 따르면, 이번 사업으로 145m의 부잔교를 설치해 선박들이 편리하게 정박할 수 있게 됐으며, 물양장 설치로 970㎡의 공간을 확보하고 선착장 80m 연장 및 보강으로 공간을 확보함으로써 작업공간 부족 문제도 해소됐다.

또한, 마을길 2,041m를 재포장하고 담장 도색 및 벽화 조성을 통해 마을 경관을 개선하는 한편 2,321㎡ 면적의 민속광장 조성을 통해 마을 주민들의 휴식공간을 마련했으며, 마을 전통어업 계승을 위해 독살을 복원하고 기존 창고를 리모델링해 다목적실을 조성하는 등 주민 친화적 공간 조성에 힘을 쏟았다.

군은 올해 마무리된 가의도 북항과 가경주항에 이어 개목항, 만리포항, 백사장항, 대야도항, 만대항, 마검포항, 황도항 등 나머지 어촌뉴딜 300 사업지에 대해서도 차질 없는 사업 추진에 나서겠다는 각오다.

가세로 군수는 "사업 추진에 적극 협조해주신 가경주항 주민 여러분께 깊은 감사를 드린다"며 "국도 77호선 개통으로 주목받고 있는 고남면이 더욱 발전할 수 있도록 앞으로도 다각적인 노력을 기울이겠다"고 말했다.

출처 : 충청뉴스 김정식 기자 2021. 12.

119일 만의 결실

가뭄 끝에 단비가 내려줘
참 고맙다

오늘은
태안 첫 번째 벼베기를 하였다

소출도 좋고
결실도 양호했다

참 다행이다

한 알이 여물기까지
가까이했던 발걸음은 얼마이고
땀방울은 또 얼마였을까

그분들의 노고에
경의를 드리며
풍년을 기원할 뿐이다.

풍년을 기원하며

어제
오늘
모내기 현장을 찾았다

올해는
물이 풍부해
모내기에는 더 없이 좋다

코로나로 인해
일손이 부족해 걱정이다

한 분 한 분 뵙고
위로와 응원을 해드린다

금년은
순풍우조하여
대풍을 기대해본다.

태안군, 올해 첫 벼베기… 115일 만에 수확

충남 태안군 첫 벼베기가 원북면 동해리의 한 농가에서 열렸다.

24일 군에 따르면, 지난 21일 원북면 동해리의 한 농가에서는 약 2만㎡의 면적에 조생종 '조품' 벼를 심어 지난 5월 17일 모내기 후 115일 만에 수확의 기쁨을 누렸다.

해당 농가에서는 매년 일찍 심고 일찍 수확하는 조생종 품종을 재배해 추석 이전에 햅쌀을 출하하고 있다.

군은 예년에 비해 비가 적당히 내리고 병충해도 적어 지역 벼농사가 풍년일 것으로 예상하고 있다.

이날 원북면 해당 농가를 찾은 가세로 군수는 재배농가를 격려하고 지역 농업인들의 의견을 청취하며 수확의 기쁨을 농가들과 함께

했다. 태안군의 올해 벼 식재 면적은 8,420ha로 총 4만 3800톤의 쌀을 생산할 것으로 기대된다.

가세로 군수는 "날로 어려워져 가는 여건 속에서도 훌륭히 농업에 임해주신 농업인 여러분께 감사드린다"며 "애써 키운 농작물들이 안전하게 수확될 수 있도록 현장행정을 강화하겠다"고 말했다.

출처 : 뉴시스 김태완 기자 2021. 8

참 고마우신 문재인 대통령님

며칠 전
문재인 대통령님의 뜻을 받들어
청와대 제도개혁 비서관님께서 태안에 오셨다

대통령님께서
안면도에 살고 있는
소년학생으로부터 편지를 받고
학생을 위로하고
꿈과 용기를 북돋아주고자 우리 태안까지 오신 것이다

물론 군수도
학생의 집을 방문하여 위로하여 주고
담당공무원이
계속 케어를 하여주는 상황이었으나

대통령님께서는
이곳 태안과
태안의 소년을 잊지 않고
비서관을 통해
따뜻한 그분의 마음을 직접 전하는 것이다

참으로 자상하시고
세심하게 배려하시는
대통령님의 마음을 읽는다

고마운 문재인 대통령님이시다.

태안군, 국내 최대 드론 테마파크 준공

14일 남면 양잠리서 '태안군UV랜드' 준공식, 첨단 드론산업도시로
무인조종 멀티센터·드론교육장·레이싱 서킷 등 조성, 내년 3월 정식
개관

 태안군이 국내 최대 규모의 드론 테마파크를 조성해 첨단 드론 산
업도시로의 비상을 알렸다.군은 14일 남면 양잠리 일원에서 가세로
군수와 도·군의원, 군민 등이 참석한 가운데 '태안군UV랜드(드론 테
마파크)' 준공식을 개최했다고 밝혔다.

 이날 준공식에서는 감사패 전달과 가세로 군수 등의 축사, 테이
프 커팅, 기념식수 등이 진행됐으며, 이어 드론을 활용한 배달과 곡
예 비행 등 다양한 드론 비행 시연 행사가 진행돼 참석자들의 큰 관

심을 끌었다.

태안군UV랜드는 남면 양잠리 1271-4번지 일원 11만 5703㎡ 면적의 부지에 조성된 드론 등 무인기 전용시설로, 군은 총 사업비 95억 원(도비 50%, 군비 50%)을 들여 지난해 8월 착공해 이날 준공의 결실을 맺었다.

1,523㎡ 면적의 무인조종 멀티센터를 비롯해 400m 길이의 활주로, 광장, 1만 6800㎡에 달하는 드론 교육장이 자리했으며, 국제대회 규격의 드론 레이싱 서킷과 포장·비포장 트랙을 모두 즐길 수 있는 RC 자동차 서킷, 멀티콥터 이·착륙이 가능한 헬리패드 등이 조성돼 있다.

또한, 각종 대회 등 이벤트 장소로 활용이 가능한 4,000㎡ 면적의 잔디마당을 비롯해 총 137대가 주차할 수 있는 주차장, 5만 4700㎡에 달하는 녹지공간 등이 조성된 데다 바다도 가까워 휴식공간으로

큰 인기를 끌 것으로 예상된다.

특히, 최근 전국적으로 드론 인구가 크게 늘어난데다, 이달 초 태안과 보령을 연결하는 국도 77호선이 개통되면서 지리적 접근성이 강화됨에 따라 국내 최대 드론 전용 테마파크인 태안군UV랜드가 각광을 받을 것으로 기대된다.

군 관계자는 "국민 누구나 손쉽게 드론을 구입할 수 있음에도 막상 드론 비행가능 구역이 제한적이어서 이용자들이 불편을 겪어왔다"며 "서해안 대표 관광지인 태안에 드론이 마음껏 비행할 수 있는 공간이 마련된 만큼 이용자 및 관광객들의 큰 관심을 끌 것으로 보인다"고 말했다.

태안군UV랜드는 지난 7월 국토부로부터 '드론 특별자유화 구역'으로 선정되면서 사전 비행승인 등의 규제가 면제돼 관련 기업의 활용성이 높아졌다는 장점이 있다.

한편, 태안군UV랜드의 운영은 공모절차를 거쳐 한서대 컨소시엄(㈜파블로항공, ㈜제너스에어)이 민간위탁 대상자로 선정됐으며, 3개월 시범운영 후 내년 3월부터 3년간 드론면허 교육과 체험 콘텐츠 개발 및 운영을 하게 된다.

군은 한서대가 항공특성화 대학으로서 전문성을 갖추고 있는 만큼 이번 위탁 운영이 효과성 제고와 부가산업 육성 측면에서 큰 도움이 될 것으로 기대하고 있으며, 한서대 컨소시엄과 함께 특화 프로그램을 마련하는 등 태안이 드론의 메카로 거듭날 수 있도록 함께 노력한다는 방침이다.

가세로 군수는 "드론은 4차 산업혁명의 핵심 기술로, 농촌 일손부족 문제 해결과 실종자 수색, 기상관측 등 활용도가 높다"며 "태안군UV랜드에 관련기관 및 기업을 유치해 일자리를 창출하고 도심항공교통 UAM 체험을 비롯한 다양한 프로그램을 운영해 새로운 관광 트렌드를 구축할 것"이라고 말했다.

출처 : 태안=한상욱 기자 2021 .12 .4

대전투데이

2021년 12월 15일 (수)
10면 지역

태안군 국내 최대 드론 테마파크 준공

무인조종 멀티센터 · 드론교육장 · 레이싱 서킷 등 조성… 내년 3월 정식 개관

태안군이 국내 최대 규모의 드론 테마파크 조성을 마무리짓고 미래 산업의 중심 도시로 비상한다.

군은 14일 남면 양잠리 일원에서 가세로 군수와 도 · 군의원, 군민 등이 참석한 가운데 '태안군UV랜드드론 테마파크' 준공식을 열고 첨단 드론 산업도시 위상을 알렸다.

이날 준공식에서는 감사패 전달과 가세로 군수 등의 촉사, 테이프 커팅, 기념식수 등이 진행됐으며, 이어 드론을 활용한 배달과 곡예 비행 등 다양한 드론 비행 시연 등이 진행돼 참석자들의 큰 관심을 끌었다.

태안군UV랜드는 남면 양잠리 1271~4번지 일원 11만 5703㎡ 면적의 부지에 조성된 드론 봉 무인기 전용시설로, 군은 총 사업비 95억 원도비 50%, 군비 50%들여 지난해 9월 착공하며 이날 준공의 결심을 맺었다.

1523㎡ 면적외 무인조종 멀디센터를 비롯해 400m 길이의 황주식 광장, 1만 6800㎡에 달하는 드론 교육장이 자리했으며, 국제대회 규격의 드론 레이싱 서킷과 포장 · 비포장 트랙을 모두 즐길 수 있는 RC자동차 서킷, 멀티콥터 · 착륙이 가능한 헬리패드 등이 조성돼 있다.

또한, 각종 대회 등 이벤트 장소로 활용이 가능한 4000㎡ 면적의 잔디마당을 비롯한 총 13대가 주차할 수 있는 주차장, 5만 4700㎡에 달하는 녹지공간 등이 조성된데다 바다도 가까워 휴식공간으로 큰 인기를 끌 것으로 예상된다.

특히, 최근 전국적으로 드론 인구가 크게 늘어난데다, 이달 초 태안과 보령을 연결하는 국도77호선이 개통되면서 지리적 접근성이 강화됨에 따라 국내 최대 드론 전용 테마파크인 태안군UV랜드가 각광 받을 것으로 기대된다.

군 관계자는 "국민 누구나 손쉽게 드론을 구입할 수 있음에도 막상 드론 비행가능 구역이 제한적이어서 이용객들이 불편을 겪어왔다"며 "서해안 대표 관광지인 태안에 드론이 마음껏 비행할 수 있는 공간이 마련된 만큼 이용자 및 관광객들의 큰 관심을 끌 것으로 보인다"고 말했다.

태안군UV랜드는 지난 7월 국토부로부터 '드론 특별자유화 구역'으로 선정되면서 시전 비행승인 등

의 규제가 면제돼 관련 기업의 활용성이 높아졌다는 장점이 있다.

한편, 태안군UV랜드의 운영은 공모점차를 거쳐 한서대 컨소시엄 ㈜파불보항공, ㈜세너스에어이 민간위탁 대상자로 선정됐으며, 3개월 시범운영 후 내년 3월부터 3년간 드론면허 교육과 체험 컨텐츠 개발 및 운영을 하게 된다.

군은 한서대가 항공특성화 대학으로서 전문성을 갖추고 있는 만큼 이번 위탁 운영이 효과성 제고와 부가산업 육성 측면에서 큰 도움이 될 것으로 기대하고 있으며, 한서대 컨소시엄과 함께 프로그램을 마련하는 등 태안이 드론의 메카로 거듭날 수 있도록 함께 노력한다는 방침이다.

가세로 군수는 "드론은 4차 산업혁명의 핵심 기술로, 농촌 일손부족 문제 해결과 실종자 수색, 기상관측 등 활용도가 높다"며 "태안군UV랜드에 관련기관 및 기업을 유치해 일자리를 창출하고 도심항공교통 UAM 체험을 비롯한 다양한 프로그램을 운영해 새로운 관광트렌드를 구축할 것"이라고 말했다.

태안=김정한기자

우리를 위협하는 바다 쓰레기

바다의 미세플라스틱 등
쓰레기 문제를 더 이상 간과할 수 없습니다

태안에는
123만 명의 자원봉사자분들이 지켜주신
소중한 바다가 있습니다

그런 태안의 바다에서
매년 수거되는
해양쓰레기의 양은 엄청납니다

지난주 부여에서 열린
해양오염개선 협력에 대한
한·중·일 환황해포럼에
토론자로 참석하였습니다

해양쓰레기는
우리 태안만의 문제가 아니라
해안에 인접한 모든 지역의 문제이자
미래 우리 바다 전체의 문제입니다

해양쓰레기 문제를 해결할 수 있는
국가차원의 정책수립과 예산지원 등이
절실하다고 생각하며
많은 분들이
해양쓰레기 문제에
관심을 가져 주시길 기대합니다

태안군,
'카약 타고 서해 끝 격렬비열도까지' 왕복 120km 이색챌린지

태안군이 무동력 카약으로 대한민국 최서단인 '서해의 독도, 격렬비열도'를 왕복하는 챌린지를 개최했다.

군에 따르면 '격렬비열도 챌린지'는 대한민국 국토 최서단에 위치해 '서해의 독도'로 불리는 지리적·군사적 요충지인 '격렬비열도'의 중요성을 전 국민에게 널리 알리기 위해 진행됐으며, 지난 16일부터 2박 3일 간 카약을 타고 근흥면 신진도에서 출발해 격렬비열도를 돌아오는 120km 왕복 '격렬비열도 챌린지'를 마쳤다고 전했다.

개최 취지에 공감한 전국 각지(서울·인천·대구·부산·울산·춘천 등)의 순수 아마추어 카약커(kayaker) 46명이 참가했으며, 특히 30대에서 60대까지의 다양한 연령층과 여성 및 외국인도 참가해 눈길을 끌었다.

행사 첫날인 지난 16일, 카약을 타고 근흥면 신진도에서 출발해 궁시도를 거쳐 석도까지 총 44km를 간 참가자들은 안전선을 이용해 궁시도로 귀환, 1박을 했으며 지난 17일에는 석도에서 출발해 격렬비열도에 도착 후 도보 답사를 진행하고 궁시도로 되돌아오는 48km 구간을 항해했다.

특히, 지난 17일은 전 국민들에게 격렬비열도의 중요성을 널리 알리기 위해서 격렬비열도 앞 바다에서 '대형 태극기 퍼포먼스'를 펼쳤다.

마지막 날인 지난 18일에는 궁시도에서 가의도를 거쳐 다시 신진
도(28km)로 돌아오면서 참가자 전원이 왕복 120km의 대장정을 무
사히 완주했다.

한 참가자는 "격렬비열도는 국내 육지에서 카약으로 갈 수 있는
가장 먼 섬으로 등산하는 사람들에게 에베레스트 산이 성지이듯 카
약커(kayaker)들에겐 격렬비열도가 성지"라고 말하며, "카약커로
서의 꿈도 이루고 동시에 격렬비열도의 중요성을 모든 국민들에게
널리 알릴 수 있는 좋은 기회여서 참가했고 모두가 함께 무사히 완
주하게 돼서 매우 기쁘다"고 말했다.

군 관계자는 "작은 시작이 큰 가능성을 열게 될 것이라는 마음으
로 이번 챌린지를 준비했다"며 "많은 분들의 관심과 사랑으로 안전
하게 마무리된 이번 '격렬비열도 챌린지'를 계기로 앞으로 레저스포

츠와 해양스포츠에 대한 국민적 관심이 태안 관광의 붐으로 이어지
길 기대한다"고 말했다.

　가세로 군수는 "이번 챌린지의 취지에 공감해 생업도 제쳐두고 참
여해주신 열정적인 카약커(kayaker)분들에게 진심으로 감사의 말
씀을 전한다"며 "앞으로도 해양주권과 해양영토 수호를 위해 격렬비
열도에 많은 관심을 가져주시고 국가관리연안항 지정에도 힘을 모
아주시기를 부탁드린다"고 말했다.

출처 : 뉴스티앤티 곽남희 기자 2020. 7

태안을 위한 삶, 1년

취임식도 생략한 채
태풍대비와 함께
군수의 소임을 시작한 지
어느덧 1년을 눈앞에 두고 있습니다

끝이 보이지 않던 가뭄 걱정으로
잠을 설치던 날들도 있었고,
도민체전 우승과 복군 30주년처럼
벅차오르는 행복을 느낀 날들도 있었습니다

우리군의 일이라면
한마음으로 나서서 도와주시는
군민분들 덕분에 마음이 든든했고
또 따뜻했습니다.

무사히 1년을 보낼 수 있었던 것은
모두 군민분들 덕분입니다
감사합니다

열심히 달려왔다고 생각하는데

아직 제 눈앞에는
광개토사업 추진,
가로림만 국가 해양 정원 조성,
가로림만 해상교량 건설,
고속도로· 철도 연결,
부남호 역간척, 굴포운하 복원
해상풍력 등
과제가 많이 남아있는 것 같습니다

내년에는
좋은 방향으로의 변화를
군민분들이 더 체감할 수 있도록
처음의 마음가짐으로
더 열심히 하겠습니다

[민선7기 취임1년]
가세로 태안군수, 군민과 소통하며 지역발전에 매진

'광개토 대사업' 국가사업화 등 괄목할 만한 성과 거둬

　민선7기 2년 차, 20대 역점사업 설정해 군정목표 조기 구체화'날 자 새태안이여, 더 잘사는 내일로!'라는 군정 목표 아래 쉼 없이 달려 온 민선 7기 가세로 태안군수가 취임 1주년을 맞았다.

　가세로 태안군수는 지난 28일 군청 소회의실에서 취임 1주년 간 담회를 갖고 지난 1년간의 주요성과를 되짚어보고, 민선7기 남은 임 기동안의 전략 및 방향을 제시했다.

　군은 민선7기의 괄목할만한 주요성과로 우선 '광개토 대사업'의 가시화를 꼽았다.

지난 1년 동안 도로교통 여건 개선을 위해 노력한 결과, 국도 38호 노선연장 및 국지도 96호(두야~신진) 확포장 기초조사 용역 착수, 국도 77호선(안면~고남) 4차선 확장사업 예타면제 대상사업 확정 등을 통해 관련 사업 조기 가시화의 기반을 닦았다.

　이와 함께 제70회 충남도민체전 성공개최 및 종합우승, 제25회 충남장애인체전 성공개최 및 종합3위 달성, 복군 30주년 기념행사 추진, 공약실천계획 평가 최우수등급 획득 등을 통해 작지만 강한도시로의 위상을 높였으며, 영목항 국가어항 선정 및 일반농산어촌개발·어촌뉴딜 300 등 지속가능한 해양수산 여건을 마련할 수 있는 사업들의 착수 기반을 마련하는 한편, 자동차 부품제조기업인 ㈜케이엠에프(KMF) 착공, ㈜케어사이드 기업유치 등을 통해 군민 일자리를 증가시키는 성과를 거뒀다.

세부적으로 살펴보면, 급변하는 관광트렌드에 맞게 변화를 시도해 3년 연속 1천만 관광객 유치와 3년 연속 해수욕장 인명사고 제로화를 달성했으며, 국립해양유물 전시관 개관, 안흥성 국가문화재 지정 노력 등 서해안 대표 역사문화 관광명소를 만드는데 최선을 다했다.

보건복지안전 분야에서는 ▲신덕 자연재해지구 정비사업 준공 ▲보건의료원 응급실 전문의 인력 확충 및 최신의료장비 도입 ▲65세 이상 어르신 버스요금 일천원 일원화 ▲미혼남녀 결혼장려금 시책 등을 도입해 '살기 좋은 사람우선 도시 태안'을 만들기 위해 노력했으며,

'활력 넘치는 농어촌'을 만들기 위해 ▲벼 병해충 항공방제 지원 ▲토양개량제 공동 살포 ▲농기계 임대사업 중부지소 신설 등을 통해 농어촌의 인력부족 문제 해결에 주력하고, 로컬푸드 직매장 시범 운영, 농산물가공지원센터 증축 등으로 농·수산물 경쟁력 강화와 생산성 향상에도 힘썼다.

또한 ▲백화산 등산로 정비(12km) ▲주민 맞춤형 녹지 공간조성(7개소) ▲태안군 생활체육공원 조성(테니스장 8면, 주차장 114면) ▲태안 종합 실내체육관 착공 준비 등으로 '열정 가득한 문화·체육 도시 태안'을 만들기 위해 노력하는 한편,

군민과 소통하는 현장행정을 강화하기 위해 현장 군수실, 민원 군수실을 운영하고, 태안군민 열린토론회 개최해 군민의 의견을 직접 들었으며 신속민원처리과를 신설해 민원처리기한 단축 및 원스톱처리로 '군민 공감 민원서비스' 확대에 힘썼다.

한편 민선7기 2년차부터는 공약사업(8대 분야 98개, 3조 6890억 원 규모)의 적극적인 추진으로 군민과의 약속 실행에 주력하는 한편, 20대 역점사업을 설정해 군정목표의 조기 구체화를 도모하고, 지역 특성 및 군민 의견을 반영한 정책개발로 군정에 대한 공감과 신뢰를 확대해 나간다는 방침이다.

가세로 군수는 "지난 1년 동안 태안의 백년대계를 위한 고민과 공직 내부 혁신에 역점을 두고 군정을 운영해왔다"며 "앞으로 민선7기 2년차는 지난 1년의 주요성과에 대한 실행력을 높이고 재원확보를 위한 노력을 강화할 계획이며, 군민의 기대와 눈높이에 맞는 내실있는 행정 운영과 지속적인 공직혁신을 추진해 나갈 것이다"라고 말했다.

이어 "앞으로도 약속을 지키는 군수, 더 낮은 자세로 군민의 목소리를 듣는 군수가 되어 새로운 태안, 살기 좋은 태안을 만들기 위해 전 공직자와 함께 최선을 다하겠다"고 말했다.

출처 : 충청신문 신현교 기자 2019.6

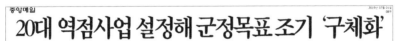

1년 개근상

오직
군민분들을 위해
한 해를 달려왔다

그 어느 해보다
성과도 많았다

50년 기다려 온
굵직한 숙원사업도
이제
해결될 것이다

계성과 마제속에
함께 해온 직원분들이 고맙다

그분들을 격려하고자 했는데
오히려 내가 위로를 받았다

고맙기만 하다

가세로 태안군수,
제71회 충남도민체전 종목별 훈련장 방문 격려

가세로 태안군수는 지난 9일 제71회 충남도민체육대회를 앞두고 종목별 훈련장을 찾아 선수들을 격려했다. 사진은 가세로 군수가 게이트볼 훈련장을 찾아 선수들을 격려하는 모습.

가세로 태안군수는 지난 9일 제71회 충남도민체육대회를 일주일 앞두고 수영, 씨름, 유도, 육상 등 종목별 훈련장을 찾아 선수들을 격려했다.태안군체육회는 오는 16일부터 19일까지 4일간 서천군 일원에서 열리는 제71회 충남도민체전에 19개 종목 487명의 선수와 임원이 출전해 그동안 갈고 닦은 실력을 맘껏 뽐낼 예정이다.

출처 : 중도일보 김준환 기자 2019. 5

충청신문   2019년 05월 13일 (월)
                                                 19면 지역

가세로 태안군수, 제71회 충남도민체전 종목별 훈련장 방문 격려

가세로 태안군수는 지난 9일 제71회 충남도민체육대회를 일주일 앞두고 수영, 씨름, 유도, 육상 등 종목별 훈련장을 찾아 선수들을 격려했다. 제71회 충남도민체전은 이달 16일부터 19일까지 4일간 서천군 일원에서 열리며 태안군은 이번 대회에 19개 종목 487명의 선수와 임원이 출전해 그동안 갈고 닦은 실력을 맘껏 뽐낼 예정이다.

태안/신현교 기자 (사진=태안군 제공)

풍어의 깃발

설 지나 초이튿날!
징 꽹가리 북 태평소 소리가 섬마을을 뒤흔든다

펄럭이는 붕기 앞에 풍어 깃발이 봄바람에 느긋하다
우화등선이다

우공을 제물로
피고사를 올린 후
엎드려 축원키는 사해에 이르렀다

만선의 염원 또한
하늘에 닿고
바람이 순하기는
젖가슴과 같아서
일 년은 열두 달에
무탈한 날들이!

황도 붕기 풍어제에 마을 어르신들과 함께했다.

160년 전부터 자랑스럽게 보존되어온

충남무형문화재 12호로 지정된 대동제
내년엔 좀 더 판을 키우고 고증을 거쳐 유엔에도 알리려 한다.

잘 익은 술도 몇 잔 기울이며
깃대도 함께 잡고 풍어 무탈을 빌었다

서산시·태안군·당진시 '어촌뉴딜 300' 사업 선정

전국 60곳, 충남 6곳 중 4곳 낙점

충남 서산시와 당진시, 태안군이 나란히 '어촌뉴딜 300' 사업에 선정됐다.

-상략-

태안군은 마검포항과 황도항이 선정됐으며 확보된 총 사업비는 각각 102억 2900만 원(국비 71억 6000만 원), 62억 5100만 원 (국비 43억 7600만 원)이다.

'마검포항'은 '서해안권 해양레저의 떠오르는 명소'라는 테마로 ▲월파방지시설 ▲호안침식정비 ▲어선 접안시설(대형어선) ▲선착장 연장(소형어선) 등의 공통사업과 ▲해양체험복합센터 ▲해양레

저체험존 ▲해양친수광장 ▲소형레저선박 슬로프 확장 ▲어망어구 보관소 등의 특화사업 부문에서 높은 점수를 얻었다.

'황도항'은 '바다 반 바지락 반 섬 안의 섬 황도'라는 테마로 '어민이 행복한 마을, 즐겁게 일하는 마을'을 만들기 위해 ▲방파제 높이 증고 ▲이안제 추가 신설 ▲물양장 및 부잔교 설치 ▲어항 진입로 보수 ▲바지락 작업장 조성 ▲어장 진입로 연장 등을 추진한 성과를 인정받았다.

-하략-

출처 : 디트 뉴스 최종암 기자 2020.12

계성과 마제

새벽달과 샛별을 본다
50일의 긴 가뭄
뜨거운 폭염
죄스런 날들이었다

발 뻗고 쉰 날 없이
달려온 일 년의 끝단에
그분들을 되돌아본다

밭과 들 바다에서
믿고 묵묵히 일해준 태안의 군민들이 고맙다

요순의 날들에
함포고복의 격양가를 부르진 못했지만
서로 웃으며 지난 일 년이 고마웠다

소외되고
고단하게 살아가는
군민들을 위해
함께 뛰어온

직원들도 고맙다

고마운 얼굴들이 떠오른다
지친 이웃을 달래준
마음 따뜻한 그들이다
얼마나 큰 아름다움인가!

새해를 맞는다
열심히 뛸 것이다
융성한 내일의 태안을 위해
계성과 마제속에 지경을 넓히며
그들과
더 큰 한해 속에
따뜻한 손잡고 열정을 다하리라
모든 군민들의
건강과 다복함을 빌어본다.

가세로 태안군수, '부패방지 청렴인' 인증
'UN국제부패방지의 날 기념 조직위' 주관

청렴·공정한 공직사회 정립에 기여...2일 태안종합실내체육관 개관식에서 인증패 수여

　가세로 태안군수가 UN 국제 부패방지의날 기념 조직위원회로부터 '부패방지 청렴인 인증패'를 수여받았다.

　가 군수는 지난 2일 태안종합실내체육관 개관식에서 청렴하고 공정한 공직사회 정립에 기여한 공로를 인정받아 수상의 영예를 안았다.

　청렴인 인증패는 투명하고 공정한 행정을 통해 깨끗한 국가를 만드는데 기여한 공직자에게 주는 상으로 부패방지국민운동총연합이

선정해 시상하고 있다.

　가세로 군수는 그간 청렴하고 투명한 업무 처리를 위해 신속민원
처리과를 신설하고 공정의 가치를 높이기 위해 '이장 직선제'를 도
입했으며, 공공의 혁신을 위해 민간위탁사업의 과감한 직영 전환에
나서는 등 행정혁신을 주도했다.

출처 : 아주경제 (태안) 허희만 기자 2021. 11

VI

마음의 안식처

태안 역사문화거리 조성, 지역발전의 마중물

"태안읍 역사문화거리 조성은 오랜 숙원의 해소이자 지역발전의 마중물
이 될 것을 확신하며."

태안읍 경이정에서 태안 서부시장에 이르는 구간은 차량 교행도
어려울 정도로 도로 폭이 협소하고, 60~70년대 태안읍 성장의 중심
지였던 옛명성은 온데간데 없다.

태안읍 구도심이 도시팽창 속에서 개발 소외를 겪으면서 지역의
발전의 동력을 잃은 것이 못내 아쉬웠다.

군수로 취임한 후에 태안읍성을 복원하여 경이정을 중심으로 역
사라는 테마를 통해 새로운 발전을 꾀하고 있다. 서부시장의 활성화
와 지역주민의 쉼터를 만들기 위해 "태안읍 중앙로 광장"사업을 진
취적으로 펼쳐 올해 상반기 준공을 앞두고 있다.

"변화는 도전하는 자의 몫"이다. "태안읍 역사문화거리 조성사
업"은 경이정 구간 232M를 차량교행이 가능한 12M 폭으로 넓히
고, 태안 역사문화거리를 상징하는 관문조형물과 중간 지점에는 상
징조형물을 설치하여 고풍스런 감성을 느낄 수 있도록 새롭게 구성
할 방침이다.

태안 역사문화거리 조성은 두 가지 측면에서 시너지를 낳을 것으
로 본다. 하나는 교통 측면에서 지역주민들에게 편리함을 선사할 것
이다. 다른 하나 역사관광의 새로운 틀을 만들어 지역경제의 경쟁력
강화를 선물할 것으로 내다본다. 도시의 디자인을 새롭게 하는 것
은 도시발전을 위한 투자임을 새롭게 인식할 필요가 있다고 본다.

모원재 단상

모원재의 봄은 더디다.
가로림만의 뻘 밭 해초 사이를 비껴
이화산 왼바퀴를 돌아선 다음
저수지의 잔잔한 물결을 슬며시
추켜세운 후에야 비로소 곁에 온다

청조 문 두드리는
결고운 바람결에
살구꽃 어느새 꽃무지개가 되었다.

마음 부풀어 한가로운데
지난 년말 리더십 대상 소식도 호사로움인 듯하여
겸손하게 발걸음 옮겨본다

일찌기
정갈한 선비가 이르되
다정도 병인양 잠 못든다 하나니
필시
이보다 깊은 경계 아닐듯
꽃비 전해오는 만상의 묘음을

혼돈의 광음속에 들지 못할까 염려한다.

홀로는 기쁨이요 번다함 멀리하니
오늘은 문희당에 달과 별 찾아올까!

목련의 순결함도 겨우 수줍어하고
벚꽃의 호화도 아직은 열어주지 않는다

매화는 바랜 채 향을 나누며
멧새 참새는 그저 뽕뽕 좋기만 하다

뒷담 너머에
산꿩소리 가끔 되돌아오면
연한 풀잎들은 서로 부비면서 적요의 여유라 이른다

이내 떨구어 내려지는 아픔의 동백
저것은 또 어쩌란 말인가

미련마저 버린 나에게
격려의 소식과 채찍으로 받으며
바람쳐대 불면 떨쳐지는 꽃잎에
잡힐 듯 바람 일고 구름은 유유하다

매화는 외롭게 옛집을 지키며
시절 인연 속에 봄이라 하는데
분주하고 번거로움 잠시 미루고
길어진 그림자

봄볕 따뜻이 여겨
봄바람 속삭임에 잠시 취하여
홀로이 옛 성인을 그리워한다네!

만학의 기쁨 문해교실, 정성을 다해 배움의 기회 선사

"가슴으로 배우고 싶은 열망, 온전히 돕겠습니다."

옛말에 "학문천재보, 탐물일조진(學文千載寶, 貪物一朝塵)" 학문을 익히는 것은 천년의 보배요, 물(物)을 탐하는 것은 하루아침의 티끌이란 말이 있다.

일제 강점기를 지나고, 6.25 전쟁의 폐허에서 가난을 평생의 업보처럼 짊어지고 살아 온 우리 어르신들에겐 학업은 사치였던 시대적 아픔을 안고 사셨다.그분들이 평생 안고 살던 학구열, 그 처절했던 마음을 헤아려드리고 싶다.

배움의 기회를 드리자
배움이 쉽도록 좋은 강사를 찾아서
배움이 어려울 땐 손이라도 잡아드려 마음을 어루만져 드리자
배움이 환희가 되도록 함께 축하해 드리자

학문하는 것을 천년의 보배로 여겨온 우리 역사에서 배움의 기회마저 사치였던 시대를 지나 이제 처음 들어선 배움의 기회를 최대한 쉽게 익히고 배움의 과정을 아름답게 수료하는 전 과정이 즐거움으로 가득할 수 있도록 온 정성을 다해 드리기 위해 애썼다.

문해교실 초등 과정만 있었던 것이 중등 과정까지 넓혔다.

앞으로 고등 과정까지 신설할 수 있도록 노력하고 싶다.

관련 공무원이 함께 해 주신다. 모두 감사할 따름이다.

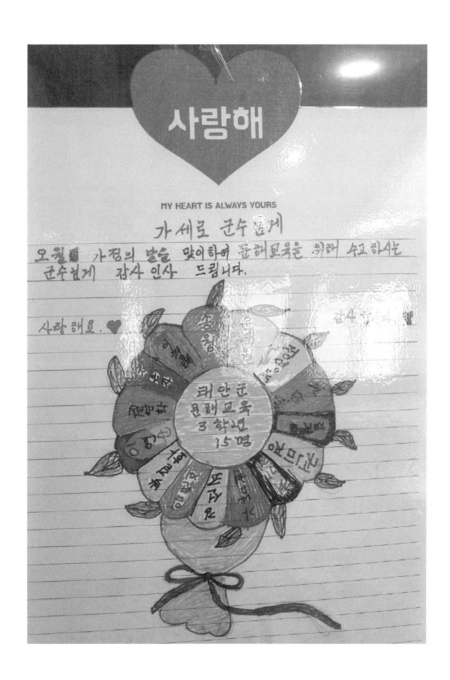

성인 문해교육 문집 발간시 책의 서문

학교장 가세로입니다.

2021년 신축년을 마무리할 즈음, 초등·중학 학력인정 문해교육 학습자들의 땀과 노력이 고스란히 담긴『성인 문해교육 문집』을 발간하게 된 것을 뜻깊게 생각하며 축하를 드립니다.

학력인정 문해교육은 학령기에 배움의 기회를 누리지 못하여 한평생 배우지 못한 서러움과 한을 삭이며 소리 없는 눈물을 흘리셨을 분들에게 새로운 빛을 밝혀준 소중한 교육으로,

단순히 국어, 영어, 수학 등 교과목을 배운다는 차원을 떠나 더불어 살아가는 공동체 생활에 필요한 사회적 소통 방법을 익히고 활기찬 인생을 보낼 수 있다는 점에서 참으로 의미 있는 교육 사업입니다.

그동안 교육을 잘 마쳐주신 학습자 여러분, 함께 수고해 주신 문해교원님들, 그리고 관계자 여러분께 감사의 말씀을 드리며, 앞으로도 학력인정 문해교육이 보다 많은 분께 폭넓은 배움의 기회를 드릴 수 있도록 아낌없는 협조와 성원을 부탁드리겠습니다.

"우리 태안의 어머님들께서 멋진 작품을 군민 모든 분께
선물하셨습니다. 자랑스럽습니다. 사랑합니다!"

제가 '한글날 기념 성인 문해교육 시화전' 방명록에 남긴 글입니다.

시화전을 관람하는 동안 느꼈던 벅찬 감동이 지금도 생생합니다. 생애와 활동을 기록한 자서전적인 글, 교육과정을 통해 익힌 시, 수필, 기행문 등을 수록한 문집은 또 다른 진한 감동을 주었습니다.

아무쪼록 이 작은 한 권의 문집이 늦었다고 생각하며 아직도 배움을 망설이고 있는 어르신들에게 큰 교훈과 용기가 될 수 있기를 바라며, 어르신들이 현시대에 힘찬 발걸음을 내딛는 아름다운 결실로 이어지기를 기대합니다.

2022년 새해에도 더욱 건강하시고, 가정에 늘 행복이 가득하기를 기원합니다.

모원재 청매

벌써 철이었더냐

시절도 모르는
내게
올해도 어김없이
어느 새 내 곁에 와 있었구나

비바람 불어댄 간밤에
혼자서
차마 주체할 수 없어
옥향을 감춰 흔들리며 피었구나.
이내
떨궈지는 그대를
난들
어찌할 수 없어

북향으로 뻗은 가지를 꺾어
바람불어 뒤척인 우화당의 봄밤을
너와 함께 하는 구다.

돌아눕는 밤

팔월 열이틀
달빛 잔잔하고
밝습니다

호숫가에 산그림자
고요속에 드리워져

기다림에 빠져든 날들의 그리움에
아파합니다

길섶 들풀들이
소슬바람에 밤새 부벼대면
견뎌내지 못하여 덩그렁 글썽입니다

달이 은하를 건너
시누대 밭 서창을 비추이면
이제 기다림은 더 이상 치장이 아닌
삶의 본질이 되어
긴지 않은 나날
속죄하며 살아내야 하는

깊숙한 아픔으로 또다시
도져옵니다

오고 감이 야속타는 듯
이슥토록 울어대는 풀벌레와 함께
못다한 날들의 아쉬움에 지쳐
이 밤
또한 돌아누워 봅니다.

노년이 즐거운 삶, 내 부모처럼 섬긴다!
-어르신들과의 약속

"노년의 행복한 삶을 열기 위해 아낌없이 뛰었습니다."

아프리카의 속담에 "노인 한 사람이 죽으면 도서관 하나가 불탄 것과 같다"는 속담이 있고, 우리나라 속담에 "나라 상감님도 늙은이 대접은 한다"는 말이 있다. 그만큼 어른을 섬겨야 한다는 것은 동서고금을 막론하고 가치 있는 일이다.

취임 전부터 노년이 즐거운 태안을 만들기 위해 다양한 구상을 해왔다. 생각만 하고 실천하지 않는 그런 구상이 아닌, 내 부모처럼 섬겨야겠다는 다짐에 다짐을 거듭했다.

군정을 맡고 제일 먼저 우리군 노인 현황을 살펴봤는데 깜짝 놀라지 않을 수 없었다. 65세 이상 노령인구가 인구의 30%, 2만 명이 넘었다. 전국의 노령화율이 17%인데, 태안군은 그 두 배 가까이 노령화가 진행되었고, 설상가상으로 농촌의 현실은 더욱 열악했다. 경지 규모가 3천평 미만인 농가가 전체농가에서 반 이상을 차지하고, 1천만 원 미만의 농축산 판매고를 올리는 농가가 절반 이상을 차지한다고 하니, 먼저 노인분들의 일자리를 많이 만들어 드려야겠다는 정책기조가 세워졌다.

[경이정 조감도]

그래서, 노인 일자리사업에 대대적인 지원을 아끼지 않았다. 군정은 각 분야의 고른 성장을 도모해야 하기 때문에 가용자산이 부족한 면도 있지만 충남의 어느 시군에 비해도 ″노인 일자리사업″ 만큼은 최고이자 최선이고 싶다.

2022년 올해는 그간의 노인일자리 사업 예산 중에서도 최다인 139억 원을 확보하는 실적을 올렸다. 2년 연속 충남도내에서 최다 인원이 참여한다는 결과이다. 인구 비례해도 천안과 아산, 서산, 보령 등 시단위를 초월하는 예산확보인 만큼 우리군의 추진의지가 얼마큼 큰지는 가히 짐작할만 하다.

그렇게 많은 분들이 참여하게 해도 여건상 탈락하는 분들이 생길 수밖에 없어 아쉬움은 늘 존재한다.

노인 일자리사업은 안전에 최선을 다해야 한다고 늘 강조해 왔다. 그리고 군민의 삶에 도움이 되는 방향으로 사업이 전개되어야 한다고 생각한다. 그래서 노인이 노인을 돌보는 ″노-노 케어″ 등 우리군이 시행하는 사업이 정부의 평가에서 우수기관에 선정되기도 했다.

올해에는 ″어르신 놀이터 조성사업″을 펼칠 계획이다. 어르신들이 놀이터에서 대화도 하고, 놀이를 통해 건강도 챙길 수 있는 맞춤형 어르신 놀이터를 조성해 8개 읍면의 어르신들의 행복한 삶을 지원할 요량이다.

치매노인 등을 전문적으로 치료할 수 있는 ″어르신 돌봄 센터″를 태안보건의료원 의료복합 치유마을 내에 건설할 계획이다.

″어르신 돌봄 센터″가 조성되면 요양환자 66명, 주간에 치유를 받을 수 있는 주간보호 25명 등 총 91명이 동시에 돌봄을 받을 수 있

는 시설이다.

　그렇게 되면, 치매 등 노인성 질환으로 고통받고 있는 고령의 환자를 지역에서 돌볼 수 있게 되니 환자가 있는 가족의 입장에서도 한시름 놓을 수 있지 않을까 생각한다.

　젊은 시절 국가와 지역을 위해 고생한 노인분들이 제대로 대접받는 것은 당연하고 우린 그 길을 동행할 의무가 있다고 본다.

　선거준비 운동기간, 나는 어르신들과 약속을 하였다.

　첫째 어르신 전용 엘리베이터 설치

명예의 전당 | 명예로운 이름 자원봉사자

가세로

둘째 75세 이상 어르신 버스비 1,000원 시대

-군민 반응이 너무 좋았다. 도지사님도 우리 군 사례를 착안해 "75세 이상 어르신 무료"을 만들어낸다.

셋째 경로당 회장, 총무님께 수당 (전화료 등) 지급

넷째 어르신 일자리 최대 확보

마지막 읍면별 어르신 놀이터 건설

나는 어르신과의 약속을 지켰다.

정책을 완성해 준 공직자들이 고맙다.

바람이 전하는 소식

철이 바뀐듯하여 물가로 나간다
물결 위로 바람이 이른다

가을이란다
소슬바람!
달빛 또 잔잔하여 그럴싸하다
길섶 풀들도
기다림에 고개를 드러낸다

새철을 맞는다
번다히 보낸 나날들 가운데
내게도 이내 와닿을 것이다

세월 속에 흘러
간다는 것이다

흐름 속 속절없어 야속타하며
살아가는 것이다.

돌아와

마루에 걸린 글귀를 본다

달이 중천에 떠
물 위에 달이 아름다운데
무심코 바람이 스쳐지나는 구나

이러한 풍류
누구 알까나
그 깨달음 아는 이
흔치 않다네!

해상풍력단지, 태안의 젊은이에게 희망의 풍차가 되길

– 해상풍력의 미래와 풀어야 할 과제 –

　태안은 서해안의 보석이며, 국내 유일한 국립해안공원으로 천혜의 자연경관과 정감이 넘치는 인심은 국내 뿐아니라 전세계적으로 내놔도 손색이 없는 아름다운 해안도시이다.

　최근 인공지능 시대를 앞두고, 장밋빛 청사진보다는 하나같이 쏟아지는 불안한 미래의 걱정, 인공지능 로봇에 의해 인간의 설 자리에 로봇에 대체되고 전기자동차의 발달은 부품 1만개 이상의 축소로 일자리 절벽 시대가 올 것이란 현실, 갈수록 고령화로 치닫고 있는 현대는 점점 불안 속으로 젊은 세대를 잠 못 들게 한다.

　우리 고장 태안은 어떠한가, 아름다운 자연만큼 젊은이를 품어 삶을 풍요롭게 영위하게 할 충분한 일자리는 갖추고 있는지, 고령의 주민들이 생산적 활동을 더 이상 진행할 수 없는 노년이 되면 무엇으로 길어진 노년을 보낼 것인지, 걱정하지 않을 수 없다.

　그런데 최근 태안군에서 추진하고 있는 해상풍력단지 조성사업이 지역의 새로운 일자리 창출과 지역주민의 소득원으로 자리할 수 있겠다는 기대감과 함께 필연적으로 수반되는 개발과정의 해양생태계 변화문제, 소음문제가 과연 주민이 우려할 만한 수준인지, 아니면 괜한 염려인지를 짚어보기 위해 그간 전문가의 학술연구 등에서 조사된 결과를 밝히고자 한다.

　또한, 여기 언급하는 내용은 최대한 공정성과 신뢰를 높이기 위해 정부 자료 등 공신력 있는 자료를 바탕으로 서술함을 알린다.

먼저, 한국에 해상풍력단지가 얼마나 건설될 것인가를 짚어보고자 한다.

최근의 산업통상자원부 발표자료를 보면, 한국내 해상풍력단지는 총 3개소에서 운영되고 있다. 제주도 해상 30MW, 전라남도 영광 해상 34.5MW, 서남해 해상(실증단지) 60MW 등 총 125MW가 운영되고 있다.

정부는 2050 넷제로(NET—Zero) 즉, 온실가스 배출량 대비 제거량을 더해 온실가스 순 배출량이 제로인 상태를 지향하고, 2030 해상풍력 12GW 건설을 목표로 하고 있다. 필요면적은 대략 2,400㎢ 정도로 우리나라 관할 해역의 약 0.5% 수준으로 추산한다.

정부가 해상풍력에 힘을 쏟는 이유는 육상풍력의 단점인 자연경관 훼손과 소음을 보완할 수 있다는 데 더불어 해상풍력은 고도의 기술력을 요구하는 분야로 자체 기술력으로 해상풍력을 건설할 수 있는 국가는 세계 7개국에 불과해 신재생 에너지 분야의 선도적 입지를 공고히 하는 목표도 있다고 본다.

다음은 해상풍력단지가 해양환경에 부정적 영향을 주는지를 알아봤다.

유럽 최대의 바닷가재 어장이 위치한 영국 웨스터 모스트러프 해상풍력단지에서 최근 6년여의 장기 해양환경 영향에 대한 연구결과를 발표한 것을 보면, 단지 내 어획량은 일관되게 유지되고 바닷가

재 개체수는 오히려 증가했다는 보고가 있다.

※ 영국 웨스터모스트 러프 풍력단지(2013년 준공)는 해수면 기준 높이 177미터의 6MW급 지멘스 가메사(Siemens Gamesa)의 풍력터빈 35기를 설치, 홀더니스 수산업조합이 영향 발표

해상풍력의 선진국이라 할 수 있는 영국, 덴마크 등 사례를 검토한 결과 해상풍력이 환경에 미치는 영향은 발견되지 않았다고 지난 2019. 12월 "한국정책연구원"에서 발표했다. 여러 정황을 종합해보면 해상풍력발전기의 구조물이 어초의 효과를 낳는다는 것이 정설에 가깝고, 기술력의 발달로 최근에는 발전기 하부 구조물 자체를 어초형태로 건설하고 있는 실정이다.

다음은 해상풍력발전기에서 발생하는 소음이 주민생활에 심대한 영향을 미칠 것인지를 알아봤다.

국내 사례를 들어야 이 부분은 실감할 수 있다고 본다, 발전기 소음문제는 해양생태계와 지역 어민의 생계와 직결되므로, 제주 탐라 해상풍력단지의 사례를 조사했다. 최근 모니터링한 결과를 보면 한 달에 두 번씩 측정을 하고 자연의 소리(백색소음)이 풍력발전기의 소음을 덮는 것으로 나온다, 풍력발전기의 날개를 블레이드라 하는데, 5MW 해상풍력발전기의 블레이드가 원을 한바퀴 도는데 걸리는 시간은 대략 5초 걸린다. 너무 천천히 돌아 실제로 전기를 일으킬까 하는 의구심이 들 정도. 바다의 파도소리에 눌려 발전기 소음이 거의 안 들리는 마스킹 효과가 발생해 소음 문제는 파도소리를 넘지 않는 것으로 보면 된다.

〈제주시 한경면 금등리 고춘희 이장 인터뷰〉

막상 발전기가 가동되기 시작하자 소음 문제는 의외로 쉽게 풀렸다. 해상풍력발전기는 바람이 초속 3m 이하면 자연히 돌지 않고 초속 25m 이상 강풍이 불면 안전을 위해 가동을 중단한다. "바람이 없는 날은 발전기가 안 돌아가니 소음이 없고 바람이 많이 불면 발전기 돌아가는 소음이 바람소리에 묻힌다".

【발췌 : 대한민국 정책주간지 〈공감〉 2021.5.25.일자】

끝으로 해상풍력발전단지 조성을 최종적인 지향점을 밝힌다.

전남 신안군에서 8.2GW 해상풍력단지 조성을 선언하고 공식 절차에 돌입했고, 인근 보령시에서 2GW의 해상풍력단지 조성을 추진하고 있으며 남해 지역에서는 경상남도가 해상풍력단지 조성에 사활을 걸고 나서고 있다.

인근 중국에서도 서해 해상에 많은 해상풍력단지 조성을 진행 중에 있다. 태안군도 2018년도부터 해상풍력단지 개발에 집중하고 있다.

날로 어려워지는 경제 환경에 맞서고, 정부 제9차 전력수급계획에 의해 태안화력 발전소의 2032년까지 6호기 감축에 따른 지역의 일자리 감축 등 지역경제의 타격이 불을 보듯 예견되고 있다. 현시점에서 해상풍력단지 조성은 충분한 대안사업이 될 전망이다.

태안군에서 추진하는 5개 단지 중에서 1개 단지 만을 가지고 따져 봤을 때 건설 및 운영인력은 230명이 예상되고, 군 세입 45억 원, 주민참여 지원금 103억 원 등 총 148억 원의 세수가 발생하는 것으로 예측되고 있다.

감축되어 가는 일자리를 살리고, 줄어듦이 가속되고 있는 어업인 소득 감소를 "주민 상생형 해상풍력단지 조성"으로 지역주민에게는 연금형 소득을 창출하고, 젊은 층에게는 양질의 일자리를 만들어 내는 과감한 도전으로 새로운 태안의 시대를 만들어야 할 것이다.

세월의 한 켠에서

돌아볼 새 없이
이만큼 왔구나
백일홍 한창이며
능소화 지는 시절
누군들은 하흐름을 바라보지 않겠는가

풀잎 이슬에 눈길 주며 들꽃의 흔들림에 뒤돌아본다

누항에 몸을 적셔 살아온 나날인데
어찌 비바람을 탓하겠는가

밤늦게 댓돌의 신발을 보며
새벽 젖은 발길을
피하려 한다

무엇을 탐하려
그렇게 흔드는지
모략과 술수가 지나쳐 추악하다

회한도 있고

탄함도 있다

천석고황에 집착되어
봉유덕 서무식을 되뇌었건만
태생을 못 잊는
향수의 몽유병자로 속절없이 보낸 날들이었구나

근심은 욕심 많은 데서 생긴다는데
소인배가 될 수는 없지 않은가
평생에 근심은 있을지라도
하루의 근심은 떠올리지 말자.

태안 해양치유센터는 해양치유산업 도약의 발판

"태안의 풍부한 해양자원이 황금알을 낳는 거위가 될 것"

우리에게 다소 낯설게 느껴지는 "해양치유산업"은 유럽에서는 백년의 역사를 자랑하고 관련 산업도 상상을 초월하는 수준이다. 우리나라는 산림치유와 치유농업에 집중한 탓도 있을 것이다. 프랑스 중심으로 웰니스, 이탈리아는 메디컬 웰니스, 독일은 메디컬 해양치유가 발달해 있다.

나는 취임 후 독일 해양치유시설을 방문하고, 우리의 풍부한 해양자원을 활용하여 현대인에게 자주 발생하는 아토피 질환, 정신 질환의 치유제로 태안의 갯벌(머드), 해염(소금), 해송, 그리고 제일 중요한 피트를 자원화하는 방안, 브랜드화하고 사업화하는 방안에 대해 전력을 다했다.

해양수산부의 해양치유센터 건립사업의 기본 토대를 마련했던 고려대학교 이성재 교수와 밤을 새워가며 태안의 풍부한 자원을 활용해 태안군 전체가 동반 성장하는 방안 수립에 진력을 다했다.

태안군 남면에 "태안 해양치유센터"를 유럽형의 최신시설로 완벽하게 조성하여 해수풀 및 각종 테라피 시설을 갖추고 치유를 목적으로 방문하는 분들에게 태안의 특산물, 마늘, 생강, 수산물 등을 활용한 레시피를 개발해 공급하고, 태안군 전역을 해양치유 관광지로 만들기 위한 전략을 세웠다.

"태안 해양치유센터" 340억 원을 투자하는 공공사업이다.

건축설계에서부터 각종 인허가까지 한치의 소홀함도 발생하지 않도록 최선을 다했다.

태안 해양치유센터가 내년에 그 웅장한 자태를 그리며 준공될 때까지 심혈을 기울일 계획이다.

피트에 대해 궁금하실텐데 피트는 진흙 성질의 탄으로 유기물과 마그네슘, 칼슘, 나트륨, 암모늄이 풍부하고 피트 입욕은 신진대사 촉진, 면역력 증진, 근골격계 이완 및 통증완화에 탁월하다는 연구결과가 많다.

태안은 해양치유센터와 해양치유의 산실로 전국민에게 사랑받는 " 해양치유산업의 메카로 한번 더 도약을 노린다.

[해양치유 조감도]

마산리 이야기

달빛이 유난히 밝습니다
달님이 이화산 넘어 서쪽으로 기울면
또 하루가 바뀌는 거겠죠

그럼 추석 한가위라 하여
모두들 즐거워 할 겁니다
길섶에 누인 풀들은
서로 부벼대며 바람을 맞이하고

벌써 누렇게 변해버린 들에는
모두들 고개숙여 가을의 겸손함을
이토록 장엄히 노래합니다

어쩌다
지나는 구름 사이로 나타난 달님에게
달포 전 혼자되어
명절을 보내는 불 꺼진 감나무 집 아줌마와
백혈구가 모자라 병상에
누워있는 담 넘어 삼래형의 안부를 묻습니다

저수지 길가에도 가을이 찾아와
억새 풀이 어느새 손짓으로 세월을 채 트리며
그림자를 길게 남기며 달님을 맞습니다

내일이면 부천에 올라간 이장님과
귀촌 삼 년 키 큰 자호 형님도 만나겠죠

이번 추석엔 모두들 외롭지 않게
달빛이 고루 비추이듯 차별 받지않게
서로에게 상처받고 주지 않는 일상이길
달님께 아주 특별히 빌어봅니다
달님! 우리 달님!

지켜준 것들

속절없어 지난 4년을 되돌아본다
계성과 마제 속의 험한 날들이다
차가운 바람 속에 나를 지켜준 군민들이 고맙다

백아와 종자기처럼 스스로 함께 하면서
상한 마음 훔쳐 돌아누운 채
그래도
그를 잡고 다독이길 여러 해

그렇다
장단고저를 탓하지 않고 함께해 준
군민들이 그저 고맙다.

충남도 지역균형발전사업, 지역발전의 마중물로

"우리군 특성을 살려 지역발전의 전진기지로 삼을 계획"

충남도 시 군의 지역발전의 격차를 해소하고, 발전의 속도가 더 딘 지역을 대상으로 지역발전을 앞당길 수 있는 지역균형발전사업을 펼쳐오고 있다.

민선7기 태안군수로 취임 후에 충남도 제2단계 지역균형발전사업(2021~2025, 5개년 계획)을 수립 시에 우리 군의 특성에 맞는 사업은 무엇일까 심도 있게 고심했다.

우리 군이 취약한 것은 무엇이고, 성장의 동력으로 삼아야 할 곳은 어디인지 전문가들과 상시 의견을 묻고, 지역주민의 의견과 지역의 여건을 충분하게 감안하여 충남도와 긴밀히 협력하여 최대한 많은 예산을 확보하고 우리 실정에 맞는 개발계획을 수립하고자 부단히도 뛰어 다녔다.

① 만리포니아 해양레저 관광기반 조성사업

국내 서핑의 명소가 강원도 양양 죽도해수욕장, 제주 중문 색달 해수욕장, 부산 송정해수욕장이 대표적이다고 할 것이나, 우리 만리포 해수욕장은 서핑에 처음 접하는 사람들이 기초적인 훈련이 가능하다는 장점과 수도권과의 접근성이 높다는 장점으로 많은 사람들이 찾는 곳이다.

이는 우리 군에 찾아온 소중한 기회다. 만리포해수욕장의 그 화려했던 명성을 되찾고 국민 휴양지로 거듭나기 위한 절호의 기회로 생각하고 이름도 최신 트렌드에 맞게 만리포니아로 정하고 서핑의 적지로 활성화하기 위해 기획했다.

만리포니아 해양레저 안전교육센터는 총 157억 원을 투입해 해양레포츠 체험시설과 안전교육센터를 건립하는 것을 골자로 한다.

우리 군은 2021년도 공유재산 관리계획 및 공공건축심의위원회의 심의를 완료하고, 건축설계 조달청 공모업체를 선정하였으며 건축물의 효율성 등을 제고할 수 있는 자문위원회를 구성하고 건축설계 착수보고회를 개최했다.

2022년도에는 건축설계를 더욱 정밀화하고 건축 인허가 등 행정

[만리포니아 해양레저 안전교육센터 조감도]

절차를 이행한 후에 2022년 10월 건축공사 착공에 들게 할 계획이며, 최종 건축물의 준공은 2024년도 12월을 목표하고 있다.

② 가족복합 커뮤니티센터

태안군 가족복합 커뮤니티센터는 그야말로 우리 군에서 심혈을 기울인 사업이다.

본 사업은 지역의 아이들에게 새로운 방식의 놀이방식의 학습과 가족 전체가 커뮤니티센터를 활용하여 지역의 문화을 배우고 확대하는 최적의 정주환경 조성을 위해 기획하였다.

태안군 가족복합 커뮤니티센터가 심혈을 기울여 준비했다는 사실은 2개의 정부기관 사업과 충남도 사업을 각각 유치하여 하나로 묶었다는데 있다. 전체사업비 250억 원의 구성내용을 보면,

정부의 생활SOC복합화 사업으로 50억 원, 충청남도 지역균형발전사업으로 180억 원, 과학기술정보통신부 공모사업 20억 원으로 만들어진다.

본 시설은 태안읍 문화예술회관 인근의 16,137㎡ 면적에 지상 3층 규모로 가족센터와 생활문화센터, 어린이 과학관, 수영장, 각종 체험관을 건설한다.

태안군은 2021년도 건축설계에 착수하여 마무리하고 2022년 2월 10일 기공식을 통해 2023년 5월 시설 개관을 목표로 하고 있다.

금강일보

2022년 02월 11일 (금)
15면 지역

태안군가족복합 커뮤니티센터가 내년 상반기 준공 목표로 10일 군 교육문화센터 주차장에서 기공식을 갖는 모습. 태안군 제공

태안군 가족복합 커뮤니티센터 '첫 삽'

249억 투입 지상 3층 규모
도서관 등 조성 … 내년 준공

태안군 '가족복합 커뮤니티센터'(이하 센터)가 내년 상반기 준공 목표로 10일 기공식을 갖고 첫 삽을 떴다. '센터'는 군이 민선7기 역점 전략사업 중의 하나로 추진해 온 사업이다.

군에 따르면 군은 이날 교육문화센터 주차장에서 가세로 군수와 양승조 도지사, 도·군 의원, 지역 주민 등이 참석한 가운데 '센터'기공식을 가졌다.

센터는 군이 아이 키우기 좋은 환경을 만들기 위해 건립하는 것으로 태안읍 동문리 23-20번지 일원에 조성되며 ▲가족센터 ▲생활문화센터 ▲작은도서관 ▲어린이 수영장 ▲어린이 과학관 ▲어린이 숲 놀이터 등 다양한 문화시설이 들어설 예정이다.

센터는 총사업비 249억 원(국비 35억, 도비 94억, 군비 120억 원)을 투입, 대지 1만 6324㎡에 건축면적 3209.59㎡, 연면적 6021.91㎡의 지상 3층 규모로 '가족생활 문화센터'와 '어린이 문화센터'로 구분해 신축된다.

군은 저출산 등 인구감소 문제를 해소하고 군민들에게 다양한 체험·교육·문화공간 제공을 목표 민선7기 들어 센터 건립에 총력을 기울여왔다. 군은 이날 기공식을 시작으로 1년여의 공사 과정을 거쳐 내년 상반기 준공될 수 있도록 최선을 다할 방침이다.

태안=윤기창 기자 skcy21@ggilbo.com

[태안군 가족복합 커뮤니티센터 '첫 삽]

③ 천수만 생태습지 및 탐방로 조성

천수만 내측은 아름다운 자연경관에 비해 열악한 접근 도로로 다소 개발의 소외를 벗어나지 못한 지역이다.

안면도 백사장을 끼고, 꽃지 해수욕장까지는 해안도로가 개설되어 제법 개발의 모양이 잡혀 있으나, 천수만 내측은 여전히 관광객이 손쉽게 방문하기 어렵다. 앞으로 차량이 왕래하는 해안도로 개설을 목표로 지속적으로 노력할 예정이며,

명품 천수만 생태탐방로를 조성하여 천수만 내측의 관광적 가치

[태안군 가족복합커뮤니니센터 조감도]

를 드높일 계획이다.

"천수만 생태습지 및 탐방로 조성"사업은 총 140억 원을 투입해 2025년 12월까지 안면도 창기리에서 고남면 고남리까지 46.1㎞ 구간을 5개의 테마 둘레길로 조성하는 것이 골자다.

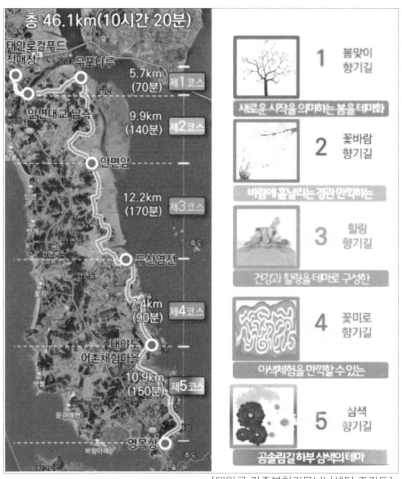

[태안군 가족복합커뮤니니센터 조감도]

④ 청년창업 인큐베이팅 & 사업화 지원

우리 군이 청년창업을 후원하고 사업화를 지원함으로써 청년이 살고 싶은 곳, 청년의 삶을 책임지는 곳으로 거듭나기 위해 온 힘을 기울인다.

지난해에는 한국서부발전과 우리 군이 청년창업을 체계적으로 지원하는 업무협약을 체결하여 2025년까지 청년창업비즈니스센터 운영에 필요한 경비의 부담을 이끌었고, 2022년에는 태안읍 군청로 24(구 행복예식장) 2층에 "태안청년창업 비즈니스센터"를 설치하여 청년의 창업지원 공간과 사업화 지원 공간을 제공한다.

지역대학과의 연계를 통해 제품 디자인 개발 및 창업정보 등을 공

[태안군 – 한국서부발전(주) 업무협약식]

[태안군 가족복합커뮤니티센터 건립사업]

유하고 관련 입주기업의 유치와 교육생 모집의 효율화를 도모할 계획이다. 관련 총예산은 20억 원으로 2025년까지 운영하고, 2025년 이후의 운영방식에 대하여는 꼼꼼하게 준비해 나갈 계획이다.

⑤ 태안관광서비스 체질개선

태안 관광의 서비스의 근본적인 체질개선이 수도없이 요구되어 왔다. 태안군의 관광 취약점이라 들 수 있는 바가지 상혼, 호객행위, 서비스의 낙후성 등은 개선이 시급한 상황에 누구도 공감할 것이다.

그렇다면 어떻게 개선할 것인가 방법론에 대한 진지한 접근이 필요했다. 최근의 다른 지역에서 성공적인 효과를 보고있는 "지역관광 추진 조직" 일명 태안형 DMO를 설립하여 관광서비스의 획기적인

[오디오 도서관]

전기를 마련할 예정이다.

태안군은 2025년까지 총 사업비 10억 원을 투입해 2022년도에는 태안형 DMO 설립을 위한 기초교육 및 심화교육을 추진하고 "태안형 DMO 법인설립"을 추진해 2022년도 8월부터는 본격 운영한다.

지역관광 추진 조직인 태안형 DMO는 현장 점검단 등을 운영하여 관광사업자에 대한 전문 멘토 육성 등 관광서비스 체질개선을 주도하며 우수관광상품 개발을 지원하고 "태안관광의 별 인증제도"를 운영하여 차별화 관광정책을 컨트롤 할 계획이다.

⑥ 인공지능 융합산업 진흥원 조성

태안은 인공지능 시대를 대비하여 서울대학교와 MOU를 체결한 후 남면 옛 서남중학교 자리에 태안군 인공지능 융합산업 진흥원 설립했다. "태안군 인공지능융합산업진흥원"은 총사업비 20억 원을 투입해 지역의 인공지능 산업을 선도한다는 계획이다.

2022년에는 인공지능융합산업진흥원 조성 기본계획 수립용역을 추진하고 태안군 인공지능산업 추진위원회를 개최하여 진흥원 운영의 기본 틀을 만들고, 인공지능 산업의 구체적 실행 방안을 수립한다.

회전교차로 알고 보면 빠르고 안전합니다

"회전교차로는 도시 미관을 좋게하고 빠르고 안전함을 선사합니다"

군수로 취임하고 "광개토 대사업"을 주창해 왔다. 그랬더니 왜 고구려 역사의 인물을 끌어들이냐, 태안이 백제에 속한 지역이란 것도 모르냐는 둥 비판적 시각을 갖는 분도 없지 않았다.

그분들의 의견도 군민의 한 사람, 한 사람의 의견이니 소중히 여긴다. 그렇지만 내가 추구하는 광개토 대사업은 새로운 개발개념을 정립하여 군정의 역량을 한데 모아 사통팔달의 교통망을 확충하고, 안흥진성의 사적 지정, 격렬비열도 국가관리 연안항 지정 등 대정부 차원의 국비 확보 등 대외협력 시에 우리 군이 표상하는 바를 정확하게 전달하기 위해 "광개토 대사업"이란 선명한 대외표방 용어를 사용하였다.

"광개토"는 태안의 경제 영역을 최종적으로 넓히는 목표를 갖는다.

또 다른 쟁점이 있다. 그건 바로 "회전교차로"를 바라보는 시각이다.

교통 전문가 등이 수없이 회전교차로의 장점과 안전상의 유익성을 강조해 오고 있지만, 회전교차로 설치 초창기에는 숱한 이야기를 들어야 했다.

지금은 빠르고 안전하다는 인식을 갖는 분들이 많아져 칭찬도 자주 듣는 편이다. 여기에 회전교차로의 장점을 간략히 소개할까 한다.

　1) 대기시간 최소화로 교통흐름이 원활해진다
　-군청오거리 평균 지체시간 42.5초에서 5.3초로 감소 (37.1초 감)
　2) 교통사고 및 사상자가 감소된다.
　-군청오거리 회전교차로 교통사고 감소 (20년 9건, 21년 5건)
　3) 대기오염 감소 및 쾌적한 도시경관이 마련된다.

늦은 밤 홀로 발길을 멈추고

달은
중천에 다다랐고
바람이 수면과 함께 할 때

새벽부터 터벅터벅
온종일 지쳐
문희당 누마루에 잠시 이르니

마음은 저만치 가 있는데
잡히는 것은 아무것도 없는 듯
돌아보면 찬바람에 마음만 시리다

가을은 깊은데
좀 더 풍성한 결실을 꿈꾸며
걸음 걸음마다 의미를 두어도
돌아보면 아쉽고 또 아쉽다.

이 밤 청야음 한 소절이
그나마 마음에 와 닿는구나!

호랑이 해의 바람

타관에서 고향으로 돌아올 이들을 기다립니다
동구 밖을 바라보는 어머님은 계시지 않지만
마음만은 여전히 고향이 그립습니다

읍내에 나와 머리단장도 하고
은행에 들러 손주들 쥐어 줄 세뱃돈으로
빳빳한 신권을 준비하는
어르신들의 걸음걸이도 분주합니다

찾아 올 이가 없는
외로운 분들은 어떻게 해야 할까요

마음이 쓰이네요
그동안 정을 나누지 못한 이웃들에게
먼저 손을 내미는
따뜻한 명절이 되었으면 합니다

직접 뵙고 인사드리고 싶지만
다 돌아볼 수 없는 아쉬움에
마음으로나마 함께 하며

우리 태안 군민들께도 호랑이의 기상처럼

건강하고 행복하고 활기찬 행복이 가득하기를 빕니다.

태안신문

충남도내 최다 3919명 노인일자리 참여… 사업비도 139억원 투입

지난해보다 13억 원 늘어 역대 최다 예산 편성… 참여자 수 2년 연속 도내 1위